교과서랑 친해지는
하루 한 장 속담

글 김태리 · 박소민

김태리

어릴 적부터 선생님이 되고 싶다는 꿈을 꾸었고, 그 꿈을 위해 대학교와 대학원에서는 교육학과 교육행정학을 공부했습니다. 지금은 학교에서 아이들을 가르치고 있고, 어린이들에게 도움이 되기 위해 늘 다양한 공부들을 하고 있어요. 우리말과 우리글을 깊이 있게 연구하며 한국어교원자격증을 얻었고, JY아카데미에서 마음을 다해 어린이책을 쓰는 중이랍니다.

박소민

초등학교에서 아이들을 가르치고 있어요. 대학에서는 초등국어교육을, 대학원에서는 교육방법을 전공하며 쌓은 전문성을 바탕으로 아이들의 눈높이에 맞는 국어 학습법을 교실 안에서 직접 실천해 왔어요. 아이들이 언어의 재미를 깨닫고 문해력의 기초를 탄탄히 다지길 바라는 마음으로 문해력 책을 쓰게 되었어요. 현재 JY아카데미에서 좋은 글을 쓰기 위해 열심히 노력하고 있어요.

그림 고고핑크

생활 속 경험을 유쾌한 시선으로 풀어내는 일러스트레이터입니다. 인스타그램과 유튜브에서 일상과 육아를 바탕으로 한 공감툰과 애니메이션을 연재하고 있어요. 아이들의 눈높이에 맞춘 발랄하고 생동감 있는 이야기를 그림으로 담아내고 있습니다. 그린 책으로 《빅티처 김경일의 생각 실험실》, 《촉법소년, 살인해도 될까요?》, 《농담하냐고요? 과학입니다》 등이 있습니다.

@gogopinktoon

교과서랑 친해지는 하루 한 장 속담

글 김태리 · 박소민
그림 고고핑크

썬더키즈
thunder kids

작가의 말

　새로운 일이나 어려운 일이 앞에 놓이면 어디서부터 시작해야 할지 막막해질 때가 있어요. 그럴 때 마음을 다잡게 해 주는 속담이 있지요. 바로 '천 리 길도 한 걸음부터'예요. 이 속담은 아무리 큰일이라도 차근차근 시작하면 된다고 믿게 되지요.

　속담은 우리 조상들이 오랜 세월 살아가며 생활 속에서 깨달은 지혜와 교훈이 담긴 말이에요. 우리가 마음에 새겨야 할 지혜가 아주 짧은 문장 속에 꼭꼭 숨어 있지요. 그래서 속담을 많이 알면, 많은 말을 하지 않아도 하고 싶은 말을 상황에 맞게 전할 수 있어요. 생각도 한 뼘 더 깊어질 수 있고요.

　하지만 이런 속담이 왜 생겼는지, 언제 어떻게 쓰는 말인지 알기란 생각보다 쉽지 않아요. 속담 속에는 요즘 잘 쓰지 않는 옛말이 들어 있어 낯설게 느껴지기도 하고, 어떤 상황에 써야 할지 헷갈릴 때도 많기 때문이에요.

　이 책에서는 어린이들이 속담을 더 쉽고 재미있게 배울 수 있도록, 교과서에 자주 나오는 속담 50가지를 골라 그 뜻을 차근차근 살펴보려고 해요. 이 책의 가장 큰 특징은 속담의 뜻만 알려 주는 것이 아니라, 여러분의 생활 속에서 속담과 어울리는 상황을 함께 보여 준다는 점이에요. "아! 이럴 때 쓰는 말이구나!" 하고 바로 떠올릴 수 있도록, 속담을 글과 그림으로 재미있게 표현했어요.

처음에는 속담이 조금 어렵게 느껴질 수도 있어요. 하지만 너무 걱정하지 마세요. 재미있는 그림 한 컷, 짧은 이야기 한 편을 따라가다 보면, 어렵게만 느껴졌던 속담의 뜻도 자연스럽게 이해하게 될 거예요. 또 속담과 관련한 간단한 문제도 함께 담았으니, 속담의 쓰임과 예시를 떠올리며 천천히 풀어 보세요.

여러분이 이 책을 통해 속담을 즐겁게 배우고, 배운 속담으로 자기 생각을 더 자신 있게 표현할 수 있기를 바랄게요. 그럼 하루에 한 개씩, 오늘부터 시작해 볼까요? 여러분의 즐거운 속담 여행을 진심으로 응원할게요!

김태리 · 박소민

차례

여기가 도대체 어디야..
아...
아 그게..
흑..
아빠만 믿고
따라왔는데..

차례

가는 날이 장날

전혀 예상하지 못한 일을 갑자기 겪게 됐다는 뜻이에요. 옛날에 어떤 사람이 볼일을 보러 나갔어요. 하필 그날이 5일에 한 번 열리는 장날이라 시장은 발 디딜 틈 없이 붐벼서 결국 일을 제대로 할 수 없었지요. 이렇게 생각하지도 못한 상황이 갑자기 닥쳤을 때 쓰는 말이에요. 뜻밖의 일로 당황했을 때 쓰기 딱 알맞은 표현이지요.

📝 속담 퀴즈

⭐ **1** 빈칸에 들어갈 글자 카드를 골라 보세요.   (   )

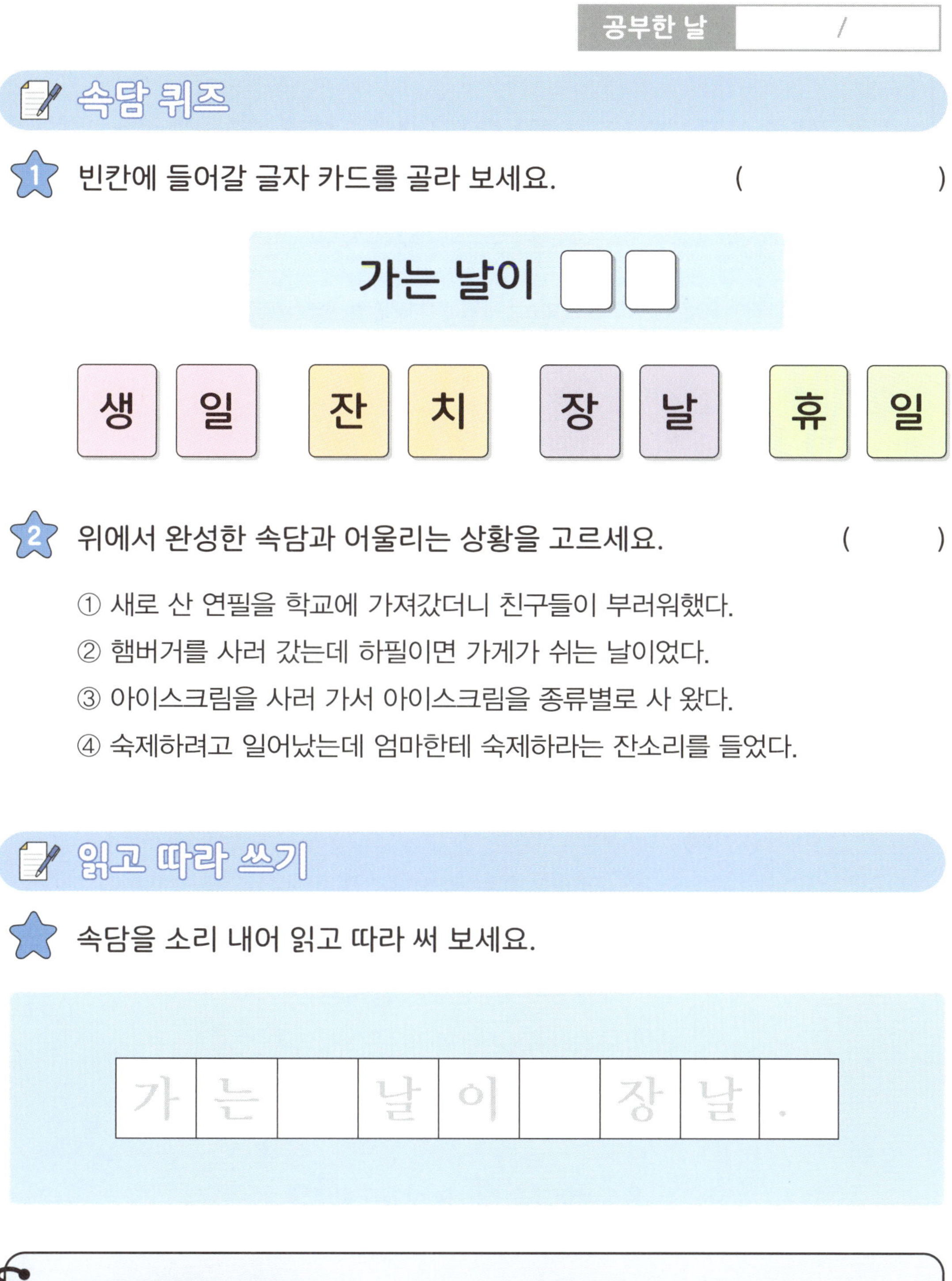

⭐ **2** 위에서 완성한 속담과 어울리는 상황을 고르세요.   (   )

① 새로 산 연필을 학교에 가져갔더니 친구들이 부러워했다.

② 햄버거를 사러 갔는데 하필이면 가게가 쉬는 날이었다.

③ 아이스크림을 사러 가서 아이스크림을 종류별로 사 왔다.

④ 숙제하려고 일어났는데 엄마한테 숙제하라는 잔소리를 들었다.

📝 읽고 따라 쓰기

⭐ 속담을 소리 내어 읽고 따라 써 보세요.

가	는		날	이		장	날	.

✔ 비슷한 속담

가는 날이 생일   우연히 어떤 일을 하러 갔다가, 마침 특별한 날이나 중요한 일과 겹친 상황을 말해요.

가는 말이 고와야 오는 말이 곱다

내가 다른 사람에게 하는 말과 행동이 그대로 나에게 돌아온다는 뜻이에요. 시험을 망친 친구에게 "공부 좀 하지 그랬어?"라고 말하면, 친구는 상처를 받고 화를 낼지도 몰라요. 하지만 "다음엔 더 잘할 수 있을 거야."라고 말하면, 친구는 "고마워."라고 웃으며 대답할 거예요. 먼저 좋은 말을 건네면, 그 마음이 다시 내게 돌아온답니다.

마법의 한마디 상

이름: 박고운

위 어린이는 운동장에서 축구를 하다
친구와 부딪히는 순간에도 "괜찮니? 미안해."라는
멋진 한마디를 먼저 건넸습니다.
그 말이 마법처럼 친구의 마음을 녹여 주자,
경기는 다시 순조롭게 이어졌습니다.
'가는 말이 고와야 오는 말이 곱다'를
몸소 보여 주었기에 이 상을 드립니다.

20○○년 ○○월 ○○일
○○ 초등학교 교장

 ## 속담 퀴즈

⭐1 빈칸에 공통으로 들어갈 글자 카드를 골라 보세요.   (   )

가는 □이 고와야 오는 □이 곱다

꽃   별   말   꿈

⭐2 위에서 완성한 속담과 어울리는 상황을 고르세요.   (   )

① 복도에서 신나게 뛰어가다가 선생님을 마주쳤다.

② 숙제를 계속 미루다가 부모님께 혼이 났다.

③ 친구에게 예쁜 말을 했더니, 친구도 기분 좋게 대해 주었다.

④ 점심시간에 급식을 먹다가 바닥에 국을 쏟았다.

 ## 읽고 따라 쓰기

⭐ 속담을 소리 내어 읽고 따라 써 보세요.

가	는		말	이		고	와	야	
오	는		말	이		곱	다	.	

∨ 비슷한 속담

말 한마디에 천 냥 빚도 갚는다

따뜻하고 고운 말 한마디가 크고 어려운 일도 해결할 수 있다는 뜻이에요.

가재는 게 편

비슷한 처지나 성격을 가진 사람들은 자연스럽게 서로 편을 든다는 말이에요. 가재와 게는 생김새가 비슷해서 같은 편이 되기 쉽지요. 사람도 마찬가지예요. 친한 친구가 어려움에 처하면 당연히 도와주고 싶지요. 하지만 친구가 잘못했을 때까지도 무조건 감싸 준다면, 그 친구는 잘못을 고칠 기회를 잃을 수도 있다는 점을 꼭 기억하세요!

○○월 ○○일 ○요일　　　　날씨

일어난 시간 :　　　　　　　　잠드는 시간 :

제목 :　재호는 민우 편!

오늘 쉬는 시간에 친구들이랑 보드게임을 했다. 그런데 민우가 자꾸 규칙을 어겼다. 내가 뭐라고 하자, 갑자기 재호가 끼어들었다.

"민우가 실수한 거잖아!"

나는 조금 억울했다. 아무래도 재호는 단짝 친구라서 민우를 감싸는 것 같다. 그 순간, **가재는 게 편**이라는 속담이 떠올랐다. 나도 게가 되어서, 가재라도 불러오고 싶었다.

공부한 날 /

속담 퀴즈

1 빈칸에 들어갈 글자 카드를 골라 보세요. (　　　　)

가재는 □ 편

내	개	새	게

2 위에서 완성한 속담과 어울리는 상황을 고르세요. (　　)

① 게임에서 졌지만, 이긴 친구를 축하해 주었다.
② 어려운 수학 문제를 혼자 힘으로 잘 풀었다.
③ 친구와 싸우는 동생을 보고 동생 편을 들었다.
④ 친구와 다퉜지만, 용기 내어 먼저 사과했다.

읽고 따라 쓰기

속담을 소리 내어 읽고 따라 써 보세요.

가	재	는		게		편	.

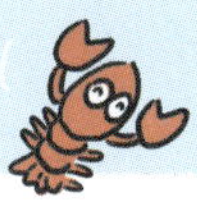

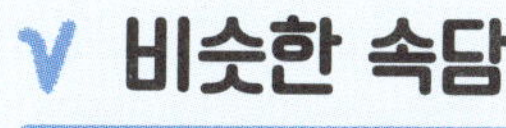

∨ 비슷한 속담

이리가 짖으니 개가 꼬리 흔든다

모양이나 형편이 서로 비슷하고 인연이 있는 것끼리 서로 잘 어울린다는 말이에요.

정답 1. 게 / 2. ③

개구리 올챙이 적 생각 못 한다

예전에는 서툴렀던 사람이 이제 잘하게 되었다고 잘난 척하는 걸 말해요. 헤엄을 잘 치는 개구리도 처음엔 올챙이였어요. 그런데 개구리가 되고 나서, 예전 모습을 잊고 처음부터 잘한 것처럼 우쭐대는 거예요. 줄넘기를 잘 못 하던 아이가 잘하게 되자, 친구에게 "그것도 못 해?" 하고 핀잔을 준다면 딱 이 속담과 어울려요.

 속담 퀴즈

⭐ **1** 빈칸에 들어갈 글자 카드를 골라 보세요.　　　　　(　　　　　)

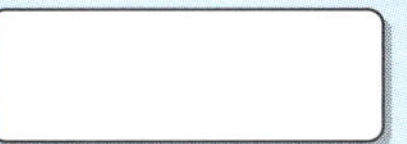 올챙이 적 생각 못 한다

| 너구리 | 코끼리 | 오소리 | 개구리 |

⭐ **2** 위에서 완성한 속담과 어울리는 상황을 고르세요.　　　　　(　　)

① 친구에게 수학을 열심히 가르쳐 주었다.
② 수영을 처음 배우는 친구에게 "왜 이렇게 못하냐?"고 놀렸다.
③ 우산이 없는 친구와 내 우산을 같이 썼다.
④ 방학 동안에 매일 줄넘기 연습을 했다.

 읽고 따라 쓰기

⭐ 속담을 소리 내어 읽고 따라 써 보세요.

| 개 | 구 | 리 | | 올 | 챙 | 이 | | 적 | |
| 생 | 각 | | 못 | | 한 | 다 | . | | |

∨ 비슷한 속담

거지가 밥술이나 먹게 되면 거지 밥 한 술 안 준다

힘들게 살던 사람이 형편이 좀 나아지면, 예전의 어려움을 잊고 남을 도와줄 줄 모른다는 뜻이에요.

개똥도 약에 쓰려면 없다

평소엔 흔해서 하찮게 여기던 것도 꼭 필요할 땐 없을 수 있다는 뜻이에요. 옛날에는 집 밖을 돌아다니던 개들이 아무 데서나 똥을 눴기 때문에 길바닥에는 개똥이 흔했지요. 사람들은 개똥을 별것 아니라고 여겼지만, 막상 약으로 쓰려고 하면 보이지 않는 거예요. 이처럼 흔해 보이는 것도 꼭 쓰려고 하면 안 보일 때가 있답니다.

📝 속담 퀴즈

⭐1 빈칸에 들어갈 글자 카드를 골라 보세요. (   )

☐ 똥도 약에 쓰려면 없다

| 새 | 소 | 개 | 말 |

⭐2 위에서 완성한 속담과 어울리는 상황을 고르세요. (   )

① 숙제를 하려는 순간, 그 많던 연필이 하나도 보이지 않았다.
② 책상 위에 연필과 지우개가 엄청 많이 있다.
③ 좋아하는 친구와 짝이 되어 기분이 좋았다.
④ 미리 준비해 온 크레파스 덕분에 멋진 그림을 그릴 수 있었다.

📝 읽고 따라 쓰기

⭐ 속담을 소리 내어 읽고 따라 써 보세요.

개	똥	도		약	에	
쓰	려	면		없	다	.

✔ 비슷한 속담

까마귀 똥도 약에 쓰려면 오백 냥이라

흔한 것도 꼭 필요할 때는 비싸지거나, 구하기 어렵다는 뜻이에요.

1 다음 빈칸에 어울리는 그림을 찾아 선으로 연결하세요.

엄마 앞에서는
숙제 다 했다고
(　　　)발 내밀어도
소용없어요.

귀에 (　　　)이(가)
박히게 잔소리를
들었어요.

달리기 잘한다고
했는데 꼴찌를 해서
(　　　)이(가)
납작해졌어요.

2 다음 초성을 보고 무엇인지 맞혀 보세요.

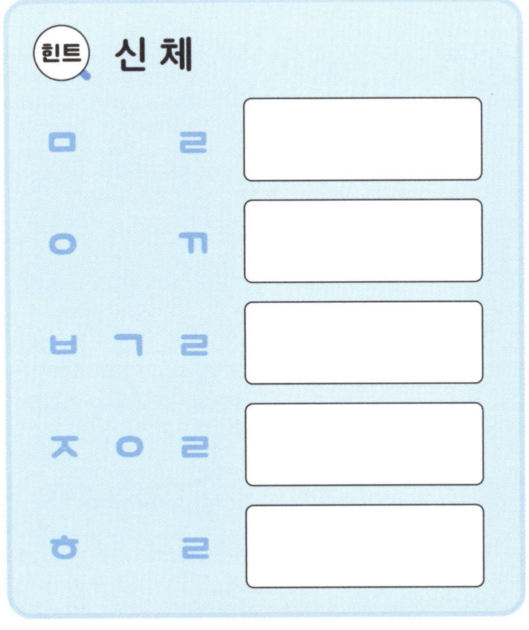

힌트 **신 체**

ㅁ	ㄹ	
ㅇ	ㄲ	
ㅂ	ㄴ	ㄹ
ㅈ	ㅇ	ㄹ
ㅎ	ㄹ	

힌트 **병 원**

ㅇ	ㄱ	
ㅅ	ㅇ	ㄱ
ㅍ	ㅂ	ㄱ
ㅈ	ㅎ	ㅇ	ㄱ
ㅅ	ㅁ	ㅇ	ㅅ

사다리를 타고 내려가 순우리말을 찾아 써 보세요.

고래 싸움에 새우 등 터진다

힘센 사람들끼리 다투는 바람에 아무 잘못 없는 약한 사람이 피해를 본다는 뜻이에요. 바다에서 덩치 큰 고래 두 마리가 싸우면, 옆에 있던 작은 새우는 고래가 일으킨 물살에 휩쓸리고 말지요. 운동장에서 축구를 하던 6학년 형들이 싸우다가, 홧김에 공을 세게 차 버렸어요. 그 공에 1학년 동생이 맞아서 다쳤다면 바로 이런 경우예요.

○○월 ○○일 ○요일	날씨 ☀ ☁ ☂ ☔
일어난 시간 :	잠드는 시간 :

제목 :　새우 등 터진 김치 소년

오늘 점심시간에 지훈이랑 민수가 싸웠다. 먼저 창가 자리에 앉겠다고 서로 밀치고 난리를 쳤다. 그러다 민수가 식판을 놓쳤다. 그 순간, 옆에 있던 나한테 김치가 휙! 날아왔다.

"으악!" 하얀 티셔츠 위에 김칫국물 파티가 열렸다. 난 가만히 있었을 뿐인데 이게 뭐야? 이게 바로 **고래 싸움에 새우 등 터진다**는 건가?

아직도 옷에서 김치 냄새가 나는 것 같다. '김치 소년'이라는 별명도 생겼다.

 ## 속담 퀴즈

1 섞여 있는 글자 카드를 올바른 순서대로 맞춰 보세요.

| 새우 등 | 고래 | 싸움에 | 터진다 |

 2 위에서 완성한 속담과 어울리는 상황을 고르세요.　　　(　　　)

① 수영장에서 뛰어가다가 미끄러져서 무릎을 다쳤다.

② 피아노 연습을 열심히 한 끝에 멋지게 발표회에 나갔다.

③ 친구 둘이 싸우고 있었는데, 말리지 않았다고 같이 혼났다.

④ 편의점에서 간식을 고르다 우연히 친구를 만났다.

 ## 읽고 따라 쓰기

속담을 소리 내어 읽고 따라 써 보세요.

| 고 | 래 | | 싸 | 움 | 에 | | 새 | 우 | | 등 | |
| 터 | 진 | 다 | . | | | | | | | | |

∨ 비슷한 속담

애꿎은 두꺼비 돌에 맞다　다른 사람들 싸움에 아무런 관련이 없는 사람이 벌을 받거나 피해를 보는 것을 말해요.

공든 탑이 무너지랴

시간과 노력을 들여 정성을 다한 일은 쉽게 무너지지 않는다는 뜻이에요. 옛날 사람들은 돌을 하나하나 정성껏 쌓아 높은 탑을 만들었어요. 그래서 비바람이 몰아쳐도 탑은 무너지지 않았어요. 무슨 일이든 시간을 들여 차근차근 노력하면, 결국 좋은 결과가 나온답니다. 그러니까 어떤 일을 하더라도 대충하지 말고 정성을 다해 보세요!

초딩 타임즈

○○월 ○○일 ○요일

노래로 하나 된 우리 반

지난주 금요일 예술 발표회에서 우리 반은 '아름다운 세상'을 불렀다. 이 공연을 위해 한 달 동안 아침과 점심시간마다 모여 연습했다. 처음에는 박자가 잘 맞지 않았지만, 반복해서 연습하면서 조금씩 목소리가 하나가 되었다.

그 결과, 발표회 날에는 모두가 연습한 대로 안정된 목소리로 노래를 부를 수 있었다. 무대에서 친구들의 목소리가 잘 어울리는 것을 듣는 순간, 그동안의 노력이 떠올라 뿌듯했다.

'공든 탑이 무너지랴'라는 말처럼 정성을 다해 준비했더니 큰 박수를 받을 수 있었다. 이번 발표회를 통해 노력의 중요함을 다시 한번 느끼는 소중한 시간이 되었다.

김지우 기자

공부한 날 /

속담 퀴즈

1 빈칸에 들어갈 글자 카드를 골라 보세요. ( )

공든 ☐ 이 무너지랴

집	성	탑	일

2 위에서 완성한 속담과 어울리는 상황을 고르세요. ( )

① 시험 전날에 급하게 공부했지만, 100점을 맞았다.
② 매일매일 연습해서 피아노 콩쿠르에서 상을 받았다.
③ 그림을 서둘러 대충 그렸는데도 멋지게 완성했다.
④ 블록을 높이 쌓았는데, 장난치다 그만 모두 무너뜨렸다.

읽고 따라 쓰기

속담을 소리 내어 읽고 따라 써 보세요.

공	든		탑	이		무	너	지	랴	.

∨ 비슷한 속담

무쇠도 갈면 바늘 된다

크고 단단한 무쇠를 갈면 얇은 바늘이 될 수 있는 것처럼 꾸준히 노력하면 어떤 어려운 일도 이룰 수 있어요.

정답 1. 탑 / 2. ②

구슬이 서 말이라도 꿰어야 보배

아무리 좋은 것도 제대로 활용해야 가치가 생긴다는 뜻이에요. '서 말'은 아주 많은 양을 뜻해요. 그런데 구슬이 아무리 많아도 실에 꿰어야 목걸이나 팔찌가 만들어져요. 이처럼 뛰어난 재능을 가졌더라도 열심히 갈고닦아야 빛을 발한답니다. 여러분도 잘하는 것이 있다면, 꾸준히 갈고닦아 보세요. 재능이 반짝반짝 빛나도록 말이에요!

 속담 퀴즈

⭐ **1** 빈칸에 들어갈 글자 카드를 골라 보세요.   (   )

▢ **이 서 말이라도 꿰어야 보배**

| 생각 | 구슬 | 상품 | 동전 |

⭐ **2** 위에서 완성한 속담과 어울리지 <u>않는</u> 상황을 고르세요.   (   )

① 훌륭한 재료를 잔뜩 준비해 놓고 요리를 하지 않았다.

② 연필이 한 자루밖에 없어서 차례대로 기다렸다.

③ 씨앗이 많이 있지만, 심지 않고 창고에만 쌓아 두었다.

④ 책을 여러 권 샀지만, 한 권도 읽지 않았다.

 읽고 따라 쓰기

⭐ 속담을 소리 내어 읽고 따라 써 보세요.

구	슬	이		서		말	이	라	도	
꿰	어	야		보	배	.				

∨ 비슷한 속담

부뚜막의 소금도 집어넣어야 짜다   아무리 쉬운 일이라도 실제로 행동에 옮기지 않으면 아무 소용이 없다는 뜻이에요.

금강산도 식후경

아무리 좋은 일도 배부터 채운 뒤에야 제대로 즐길 수 있다는 뜻이에요. 금강산은 옛날부터 아주 아름답기로 유명한 산이에요. 하지만 배가 너무 고픈데 아름다운 풍경이 눈에 들어올까요? 그래서 배를 든든히 채운 다음에 신나는 일이나 구경을 하는 게 좋아요. 그래야 힘이 나서 그 순간을 제대로 즐길 수 있답니다.

기다리고 기다리던 키즈 카페에 갔다. 미끄럼틀, 볼 풀, 트램펄린까지 재밌는 놀이기구를 보자마자 달려 나가려는데…. 다리에 힘이 풀리고 말았다. 배에서는 꼬르륵 소리까지 울렸다.

아뿔싸! 점심을 안 먹고 온 것이다! 엄마 말을 들을걸. 밥을 먹고 나니, 기운이 불끈!

그제야 발이 번개처럼 움직이며 신나게 놀 수 있었다. 역시 '금강산도 식후경'이다!

 ## 속담 퀴즈

⭐ 1 섞여 있는 글자 카드를 올바른 순서대로 맞춰 보세요.

[　　　　　] 도 식후경

| 설악산 | 백두산 | 지리산 | 금강산 |

⭐ 2 위에서 완성한 속담과 어울리는 상황을 고르세요.　　　　(　　)

① 놀이공원에 도착했지만 배가 고파서 밥부터 먼저 먹었다.
② 친구가 넘어지자 얼른 달려가 일으켜 주었다.
③ 숙제를 모두 끝내고 나서 즐겁게 게임을 시작했다.
④ 줄넘기 대회를 앞두고 아침마다 연습했다.

 ## 읽고 따라 쓰기

⭐ 속담을 소리 내어 읽고 따라 써 보세요.

| 금 | 강 | 산 | 도 | | 식 | 후 | 경 | . |

 ### 비슷한 속담

수염이 대 자라도 먹어야 양반이다　　아무리 겉모습이 번듯하고 점잖아 보여도 밥을 안 먹으면 기운도 없고 아무것도 못 한다는 뜻이에요.

남의 손의 떡은 커 보인다

자기 것보다 남의 것이 더 좋아 보인다는 뜻이에요. 친구랑 똑같은 연필인데도, 왠지 친구 연필이 더 좋아 보일 때가 있지요? 실제로는 별 차이가 없어도, 내 것에 만족하지 못하고 남의 것을 부러워하는 마음 때문에 그렇게 느끼는 거예요. 그래서 남과 비교하기보다는 내가 가진 것에 만족하며 지내는 마음이 더 소중하답니다.

독서 감상문

책 제목: **개와 그림자**

지은이: **이솝** | 읽은 날짜: ○○월 ○○일 ○요일

읽은 내용

오늘 이솝 우화 〈개와 그림자〉를 읽었다. 개가 고기를 물고 강을 건너다가, 물속에 자기 것보다 더 커 보이는 고기를 문 개를 보았다. 욕심이 난 개는 그 고기를 빼앗으려고 입을 벌렸다. 하지만 그 순간, 자기 입에 있던 고기가 풍덩 강물에 빠져 버렸다.

읽고 나서 느낀 점

이 이야기를 읽고 '남의 손의 떡은 커 보인다'는 속담이 떠올랐다. 내 것을 소중히 여기고, 괜히 남과 비교하지 말아야겠다. 그래도 남의 떡이 커 보일 땐? 그냥 떡 두 개 먹으면 되지!

📝 속담 퀴즈

⭐1 빈칸에 들어갈 글자 카드를 골라 보세요.　　　（　　　　　）

남의 손의 ☐ 은 커 보인다

| 밥 | 옷 | 떡 | 돈 |

⭐2 위에서 완성한 속담과 어울리는 상황을 고르세요.　　　（　　　　　）

① 아픈 친구를 위해 약을 챙겨 주었다.
② 같은 사탕인데 친구 사탕이 더 커 보인다.
③ 친구와 싸웠을 때 먼저 미안하다고 사과했다.
④ 운동장에서 친구와 즐겁게 줄넘기했다.

📝 읽고 따라 쓰기

⭐ 속담을 소리 내어 읽고 따라 써 보세요.

남	의		손	의		떡	은	
커			보	인	다	.		

▼ 비슷한 속담

남의 밥에 든 콩이 굵어 보인다　　　남의 것이 내 것보다 더 좋아 보이고, 더 나아 보인다는 말이에요.

1 다음에 어울리는 꾸며 주는 말을 알맞게 써 보세요.

① 단풍이 ㅇㄱㅂㄱ [   ] 예쁘게 물들었어요.

② 친구들과 모여서 ㄷㄹㄷㄹ [   ] 재미있게 이야기를 나누었어요.

③ 아기가 ㅅㄱㅅㄱ [   ] 자는 모습이 참 귀여워요.

2 다섯 고개 설명을 보고, '나'는 누구인지 정답을 맞혀 보세요.

다섯 고개 설명	나는 누구일까요? 그림도 그려 보세요.
① 나는 사람들을 도와주는 직업이에요.	
② 물을 사용해야 할 때가 많아요.	
③ 위험한 곳에 빨간 차를 타고 출동해요.	
④ 불이 난 곳이라면 어디든 달려가요.	
⑤ '119!' 하면 바로 떠오르는 사람이에요.	

3 선을 따라가서 알맞은 장소를 <보기>에서 찾아 써 보세요.

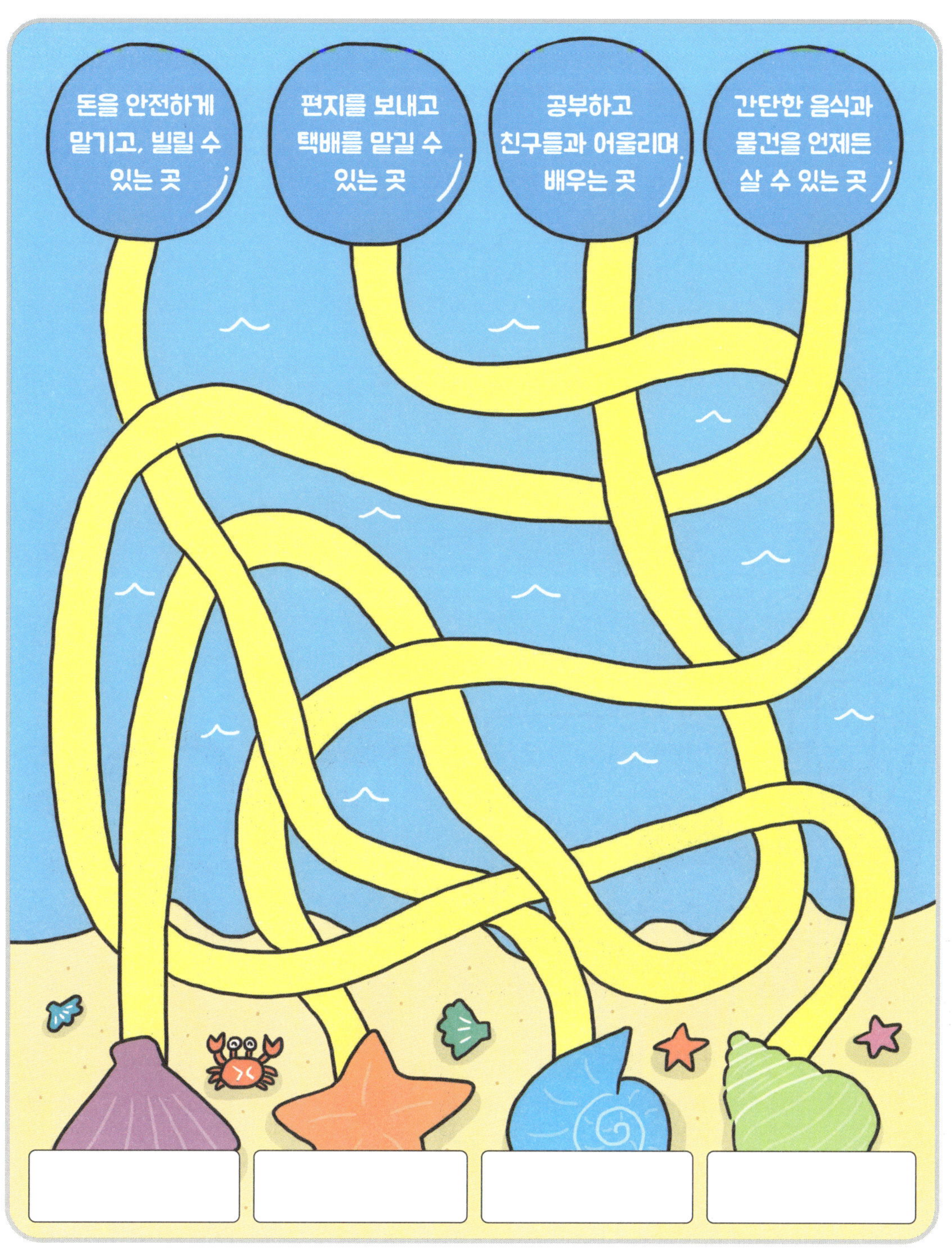
돈을 안전하게 맡기고, 빌릴 수 있는 곳
편지를 보내고 택배를 맡길 수 있는 곳
공부하고 친구들과 어울리며 배우는 곳
간단한 음식과 물건을 언제든 살 수 있는 곳

보기 학교, 은행, 우체국, 편의점

낫 놓고 기역 자도 모른다

아주 쉬운 것도 모르는 사람을 놀릴 때 쓰는 말이에요. 옛날에는 농사지을 때 '낫'이라는 도구를 많이 썼어요. 이 낫은 한글 '기역(ㄱ)' 자처럼 생겼지요. 그런데 낫이 앞에 놓여 있어도 그걸 기역 자처럼 생겼다고 생각하지 못한다면, 아주 쉬운 것도 모르는 셈이에요. 그래서 이 말은 '기본적인 것도 모른다.'라는 뜻으로 쓰여요.

 ## 속담 퀴즈

⭐1 섞여 있는 글자 카드를 올바른 순서대로 맞춰 보세요.

모른다	낫	기역 자도	놓고

⭐2 위에서 완성한 속담과 어울리지 <u>않는</u> 상황을 고르세요.   (   )

① 글자를 배우지 못해서 '가'와 '나'를 구별하지 못한다.

② 수학 기초를 잘 몰라 덧셈과 뺄셈이 헷갈린다.

③ 구구단을 외우니까 계산이 빨라졌다.

④ 라면을 끓이려는데 가스레인지 불도 켤 줄 모른다.

 ## 읽고 따라 쓰기

⭐ 속담을 소리 내어 읽고 따라 써 보세요.

낫		놓	고		기	역		자	도	
모	른	다	.							

 ## ∨ 비슷한 속담

가갸 뒷다리도 모른다   글자를 전혀 깨치지 못하여 무식하거나, 사리에 몹시 어두운 사람을 놀릴 때 쓰는 말이에요.

낮말은 새가 듣고 밤말은 쥐가 듣는다

어디서든 누군가 내 말을 듣고 있을 수 있으니, 말조심해야 한다는 뜻이에요. 아무도 없는 줄 알았는데, 낮에는 새가, 밤에는 쥐가 말을 엿들을지도 몰라요. 괜히 남의 흉을 봤다가, 그 말이 친구들 귀에 들어갈 수도 있지요. 그래서 언제 어디서든 나쁜 말이나 남을 흉보는 말은 하지 않는 게 좋아요.

오늘 쉬는 시간에 지훈이랑 수다를 떨었다. "민재는 자꾸 공을 엉뚱한 데로 차!" 하고 깔깔 웃었는데, 바로 뒤에서 "뭐가 엉뚱해?" 하는 소리가 들렸다. 헉! 돌아보니 민재가 우리를 보고 있었다. 그 순간 내 얼굴은 토마토처럼 빨개졌다. 엄마 말씀이 떠올랐다. '낮말은 새가 듣고 밤말은 쥐가 듣는다.' 앞으로는 말 한마디도 조심해야겠다! 아니면 쥐랑 새가 고자질할지도 모르니까.

 속담 퀴즈

⭐1 빈칸에 공통으로 들어갈 글자 카드를 골라 보세요.   (　　　　　)

낮 ☐ 은 새가 듣고 밤 ☐ 은 쥐가 듣는다

| 복 | 잠 | 눈 | 말 |

⭐2 위에서 완성한 속담과 어울리는 상황을 고르세요.   (　　　　　)

① 학교에서 선생님의 질문에 솔직하게 답해 칭찬을 받았다.

② 몰래 친구 흉을 봤는데, 그 친구가 그 말을 들었다.

③ 가족들끼리 크게 웃고 떠들며 이야기했다.

④ 깜빡 잊고 친구에게 생일 초대장을 주지 못했다.

 읽고 따라 쓰기

⭐ 속담을 소리 내어 읽고 따라 써 보세요.

낮	말	은		새	가		듣	고	
밤	말	은		쥐	가		듣	는	다.

✔ 비슷한 속담

발 없는 말이 천 리 간다

말은 발이 없지만, 한 번 하면 여기저기 퍼져서 멀리까지 전해질 수 있다는 뜻이에요.

누워서 떡 먹기

어떤 일이 너무 쉽다는 뜻이에요. 그냥 가만히 누워 있는 일이 얼마나 쉬워요? 맛있는 떡을 먹는 것도 간단한 일이지요. 혼자서 옷 입기나 1 더하기 1 같은 것들 말이에요. 이렇게 스스로 아주 쉽게 할 수 있는 일들을 비유적으로 표현할 때 써요. 앞으로 속담도 열심히 공부하다 보면 누워서 떡 먹기가 될 수 있겠지요?

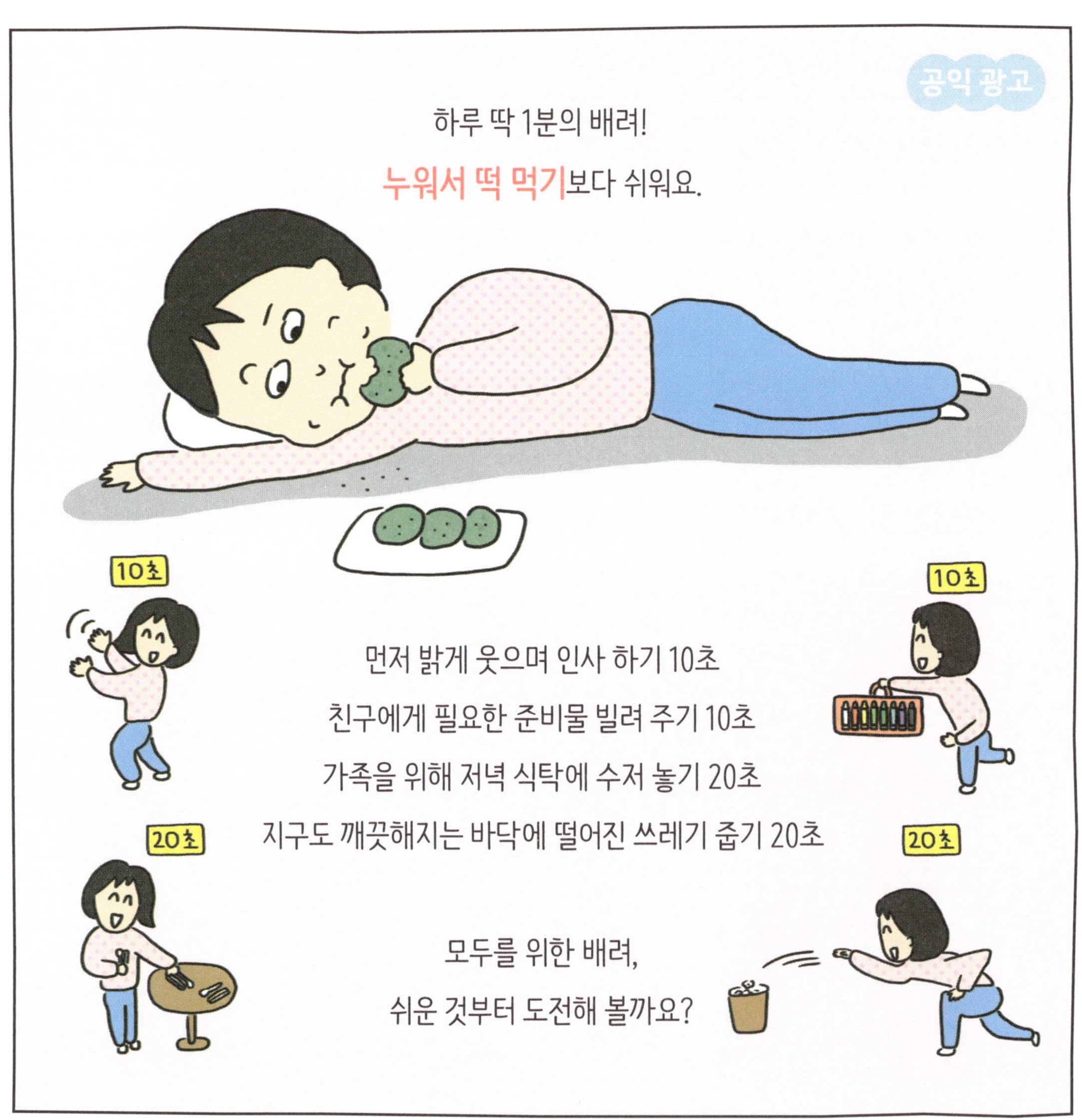

📝 속담 퀴즈

⭐1 빈칸에 들어갈 글자 카드를 골라 보세요.   (   )

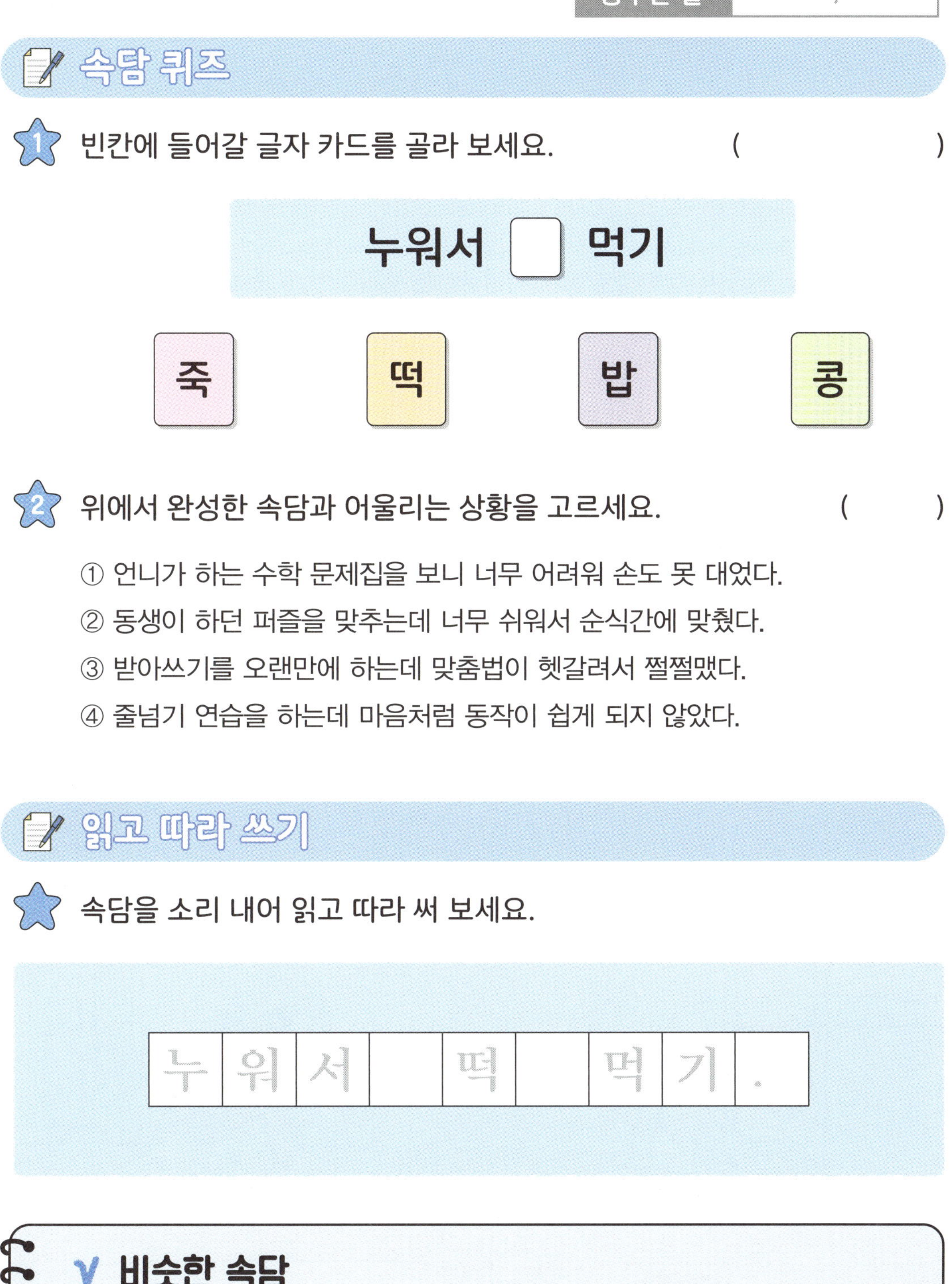

누워서 [ ] 먹기

죽　　떡　　밥　　콩

⭐2 위에서 완성한 속담과 어울리는 상황을 고르세요.   (   )

① 언니가 하는 수학 문제집을 보니 너무 어려워 손도 못 대었다.
② 동생이 하던 퍼즐을 맞추는데 너무 쉬워서 순식간에 맞췄다.
③ 받아쓰기를 오랜만에 하는데 맞춤법이 헷갈려서 쩔쩔맸다.
④ 줄넘기 연습을 하는데 마음처럼 동작이 쉽게 되지 않았다.

📝 읽고 따라 쓰기

⭐ 속담을 소리 내어 읽고 따라 써 보세요.

| 누 | 워 | 서 | | 떡 | | 먹 | 기 | . |

✔ 비슷한 속담

땅 짚고 헤엄치기　　물이 아닌 땅을 짚으며 헤엄치는 것처럼, 역시 아주 쉬운 일을 뜻해요.

돌다리도 두들겨 보고 건너라

잘 아는 일이라도 다시 한번 신중하게 확인하라는 뜻이에요. 돌로 만든 다리는 단단해서 웬만해서는 무너지지 않아요. 그런데도 이 속담은 '두들겨 보고 건너라'고 말하지요. 시험 문제를 다 풀었다고 그냥 끝내지 말고, 다시 찬찬히 살펴보면 실수를 줄일 수 있지요. 확실해 보여도 마지막까지 꼼꼼히 확인하는 습관이 중요하답니다.

 ## 속담 퀴즈

1 빈칸에 들어갈 글자 카드를 골라 보세요. ( )

☐ 도 두들겨 보고 건너라

| 흙다리 | 돌다리 | 사다리 | 징검다리 |

2 위에서 완성한 속담과 어울리는 상황을 고르세요. ( )

① 준비물을 다시 살펴봤더니 챙기지 않은 게 있었다.
② 시험을 다 풀자마자 바로 제출했다.
③ 아는 길이라 길을 찾지 않고 바로 갔다.
④ 숙제를 하지 않았지만, 검사를 안 하고 넘어갔다.

 ## 읽고 따라 쓰기

☆ 속담을 소리 내어 읽고 따라 써 보세요.

| 돌 | 다 | 리 | 도 | | 두 | 들 | 겨 | |
| 보 | 고 | | 건 | 너 | 라 | . | | |

 ## 비슷한 속담

아는 길도 물어 가랬다 아무리 잘 아는 일이라도 다시 한번 확인하는 게 좋다는 말이에요.

두 손뼉이 맞아야 소리가 난다

같이 한 일에는 둘 다 책임이 있다는 뜻이에요. 어떤 일을 할 때 혼자서 하기는 어렵고, 상대방이 있어야 가능한 일에 자주 쓰이는 표현이에요. 협동해야 하거나 싸움을 할 때처럼요. 어떤 친구랑 싸움이 났다면 두 친구 모두 잘못이 있다고 할 수 있어요. 둘이 한 싸움은 결국 서로에게 미안해할 점이 있다는 거 잊지 말아요.

초딩 타임즈

○○월 ○○일 ○요일

우리 반 사건 25시

지난달, 우리 반에서는 홍만이와 민석이의 잦은 갈등이 큰 화제가 됐다. 두 학생은 한 달 동안 무려 10번이나 싸움을 벌였다. 급식 줄 서는 데 새치기했다고 싸우고, 지나가는데 부딪쳤다고 싸우고, 놀이 시간에 규칙 안 지킨다고 싸우고, 기분 나쁘게 말했다고 싸우고…. 싸움의 이유는 사소하지만 다양했다.

그 이유가 어떻든 간에 문제의 책임은 두 학생 모두에게 있었다는 점이 분명했다. '두 손뼉이 맞아야 소리가 난다'는 말처럼 갈등의 원인은 어느 한쪽에만 있는 게 아니다. 우리 반 학생들은 두 친구가 앞으로는 싸우지 않고, 서로 배려하며 지낼 수 있기를 바라고 있다. 평화롭고 즐거운 교실을 되찾는 날이 빨리 오기를 기대해 본다.

김방울 기자

 **속담 퀴즈**

1 섞여 있는 글자 카드를 올바른 순서대로 맞춰 보세요.

| 난다 | 두 손뼉이 | 소리가 | 맞아야 |

2 위에서 완성한 속담과 어울리는 상황을 고르세요. ( )

① 장난감을 갖고 놀다가 장난감이 부러지자, 동생은 형 탓을 했다.

② 장난감을 먼저 던진 게 동생이라며 형은 동생 탓을 했다.

③ 형과 동생이 싸웠는데 할머니는 형만 혼냈다.

④ 엄마는 장난감을 같이 던지고 놀았으니, 둘 다 잘못이라고 했다.

 **읽고 따라 쓰기**

속담을 소리 내어 읽고 따라 써 보세요.

| 두 | | 손 | 뼉 | 이 | | 맞 | 아 | 야 | | |
| 소 | 리 | 가 | | 난 | 다 | . | | | | |

∨ 비슷한 속담

한 손뼉이 울지 못한다

두 손뼉이 마주쳐야 소리가 나지, 한 손뼉만으로는 소리가 나지 않기 때문에 상대가 없이 혼자서는 싸움이 되지 않는다는 말이에요.

한글 놀이터 3

1 다음 문장의 괄호 안에 들어갈 말을 이어 보세요.

우리 반을 대표하는 회장이 되니, (　　　)이(가) 무거워졌어요.

친구들과 더 놀고 싶은데 동생이 (　　　)을(를) 잡았어요.

우리 누나는 (　　　)이(가) 무거우니까 내 비밀을 지켜 줄 거예요.

발 목

입

어 깨

2 다음 뜻을 읽고 알맞은 낱말에 색칠해 보세요.

어떤 일을 해낸 후 기쁨이 가득 차서 벅찬 마음 　뿌듯하다　섭섭하다

사랑이나 정이 많아 부드럽고 친절한 태도 　냉정하다　다정하다

앞으로 일어날 일에 대해 즐겁고 설레는 마음 　안타깝다　기대되다

숲에서 길을 잃은 어린이가 집을 찾고 있어요. 길마다 나오는 문제의 맞춤법이 맞으면 O, 틀리면 X를 선택해 집을 찾을 수 있도록 도와주세요.

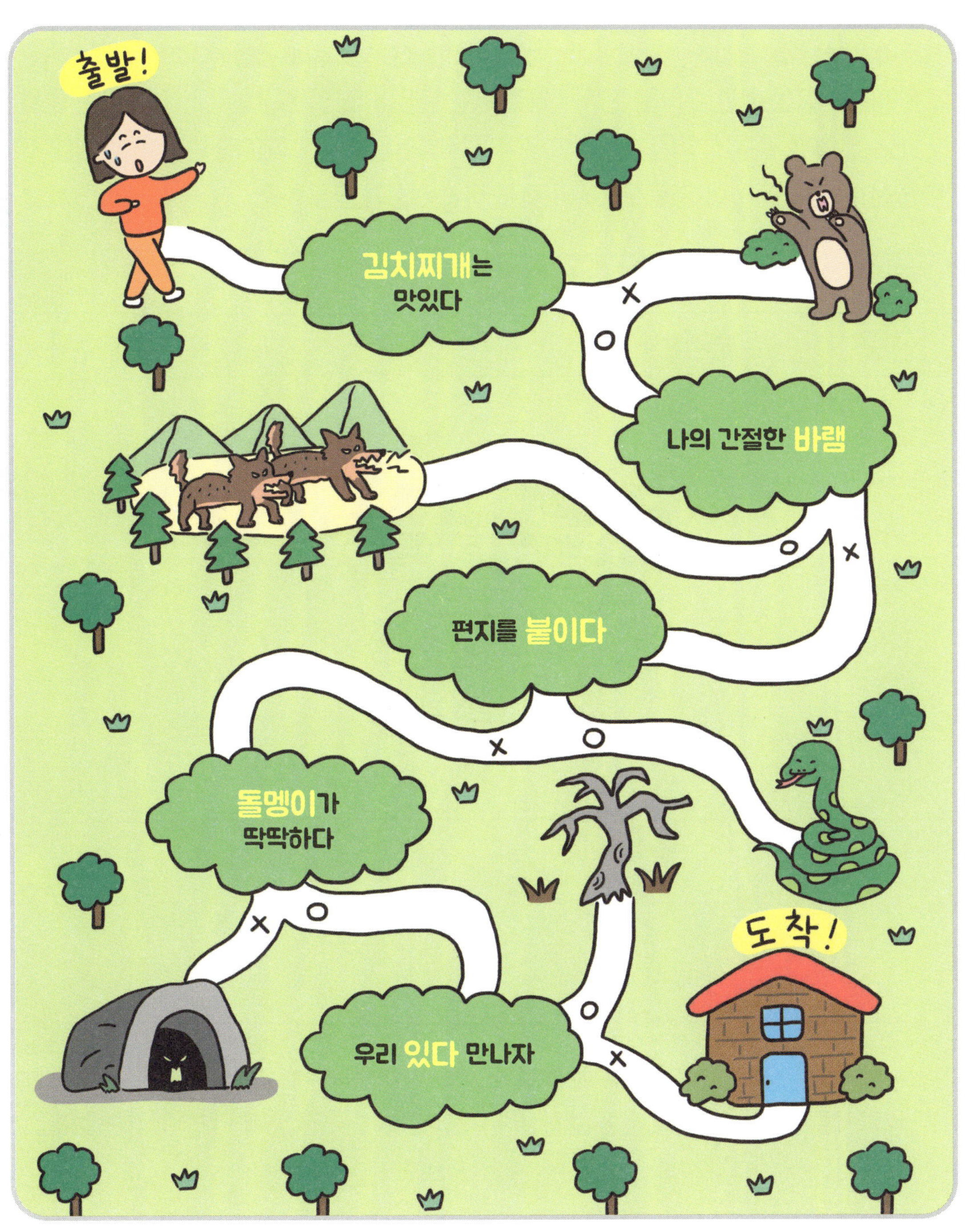

등잔 밑이 어둡다

가까이 있는 것을 오히려 잘 모른다는 뜻이에요. 등잔은 옛날에 기름을 담아 등불을 켜던 그릇이에요. 불을 켜면 주위는 환하게 비추지만, 등잔 바로 밑은 그림자가 져서 오히려 어두워요. 그래서 친구 생일은 잘 기억하면서 정작 가족 생일은 깜빡 잊는다든지, 다른 사람 일은 잘 챙기면서 내 일은 모르고 지나쳐 버리는 상황을 말해요.

식물 관찰 기록지

관찰 식물 : **무순**	○○월 ○○일 ○요일

관찰 내용	3일 전부터 무순 씨앗을 키웠다. 매일 "물 먹어!" 하고 물만 주고는 휙 가 버렸었다. 그런데 오늘 보니, 세상에! 초록색 새싹이 잔뜩 올라와 있었다.
느낀 점	나는 왜 이제야 본 거지? 내 시력이 2.0인데? 가까이에 있어도 모를 때가 있다는 걸 확실히 알았다. 정말 '등잔 밑이 어둡다'라는 말이 딱이다. 앞으로는 눈을 크게 뜨고 잘 살펴야겠다.

📝 속담 퀴즈

⭐1 빈칸에 들어갈 글자 카드를 골라 보세요.　　　(　　　)

> 　　　 밑이 어둡다

| 전등 | 촛불 | 등잔 | 등대 |

⭐2 위에서 완성한 속담과 어울리는 상황을 고르세요.　　　(　)

① 핸드폰을 바로 앞에 두고도, 한참을 찾았다.

② 핸드폰이 어디에 있는지 바로 떠올렸다.

③ 동생과 싸운 뒤 먼저 사과했다.

④ 도서관에서 조용히 책을 읽었다.

📝 읽고 따라 쓰기

⭐ 속담을 소리 내어 읽고 따라 써 보세요.

| 등 | 잔 | 　 | 밑 | 이 | 　 | 어 | 둡 | 다 | . |

∨ 비슷한 속담

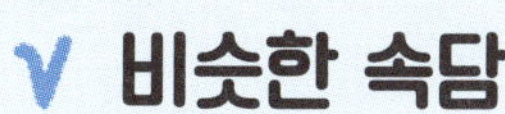

업은 아이 삼 년 찾는다

자기 아이를 등에 업고도 모른 채, 여기저기 찾고 다닌다는 말이에요. 가까운 곳에 있는 걸 모르고 엉뚱한 데서 오래 헤맬 때 쓰는 말이에요.

말이 씨가 된다

무심코 한 말이 진짜처럼 이루어질 수 있다는 뜻이에요. 씨를 뿌리면 꽃이 피고 열매가 맺듯이, 말도 현실이 될 수 있어요. "나는 못 해.", "나는 안 될 거야."처럼 부정적인 말을 자주 하면 정말 그렇게 되어 더 힘든 일이 생길 수도 있지요. 그래서 항상 말조심하고, 스스로에게 용기와 힘이 되는 말을 하는 게 좋아요.

📝 속담 퀴즈

⭐1 빈칸에 들어갈 글자 카드를 골라 보세요.   (   )

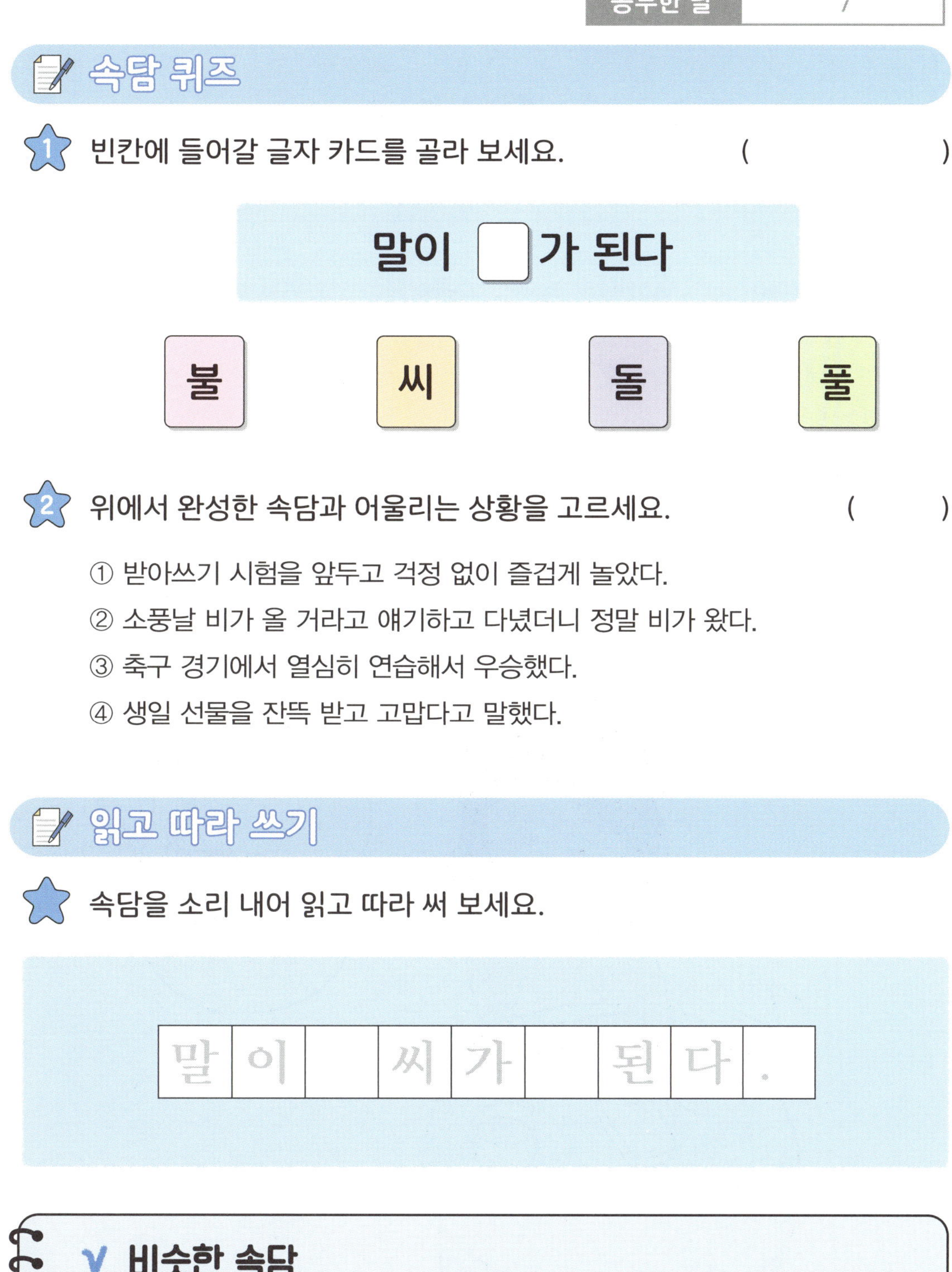

⭐2 위에서 완성한 속담과 어울리는 상황을 고르세요.   (   )

① 받아쓰기 시험을 앞두고 걱정 없이 즐겁게 놀았다.

② 소풍날 비가 올 거라고 얘기하고 다녔더니 정말 비가 왔다.

③ 축구 경기에서 열심히 연습해서 우승했다.

④ 생일 선물을 잔뜩 받고 고맙다고 말했다.

📝 읽고 따라 쓰기

⭐ 속담을 소리 내어 읽고 따라 써 보세요.

말	이		씨	가		된	다	.

∨ 비슷한 속담

설마가 사람 잡는다

설마 했던 일이 실제로 일어나 안 좋은 결과를 얻을 수 있다는 뜻으로, 항상 조심해야 함을 강조하는 거예요.

무소식이 희소식

별다른 소식이 없다는 건 잘 지내고 있다는 뜻이니 너무 걱정하지 않아도 된다는 말이에요. '무소식'은 아무 소식이 없다는 뜻이고, '희소식'은 기쁘고 반가운 소식이거든요. 친구가 멀리 여행을 갔는데 연락이 없을 때는 "별일 없이 잘 지내고 있겠지!" 하고 마음을 편히 가지면 되는 거예요.

✏️ 속담 퀴즈

⭐ **1** 빈칸에 공통으로 들어갈 글자 카드를 골라 보세요. ( )

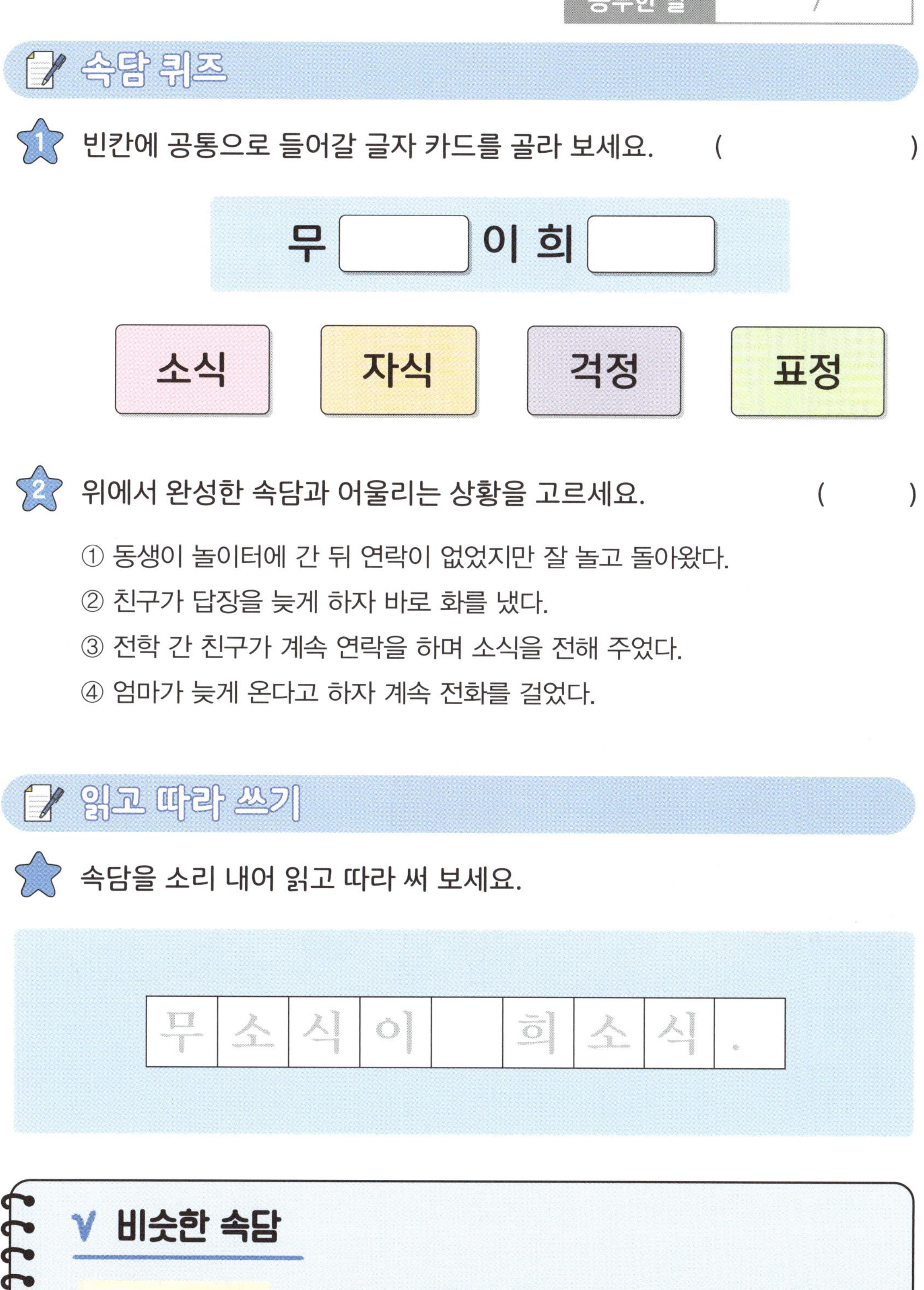

⭐ **2** 위에서 완성한 속담과 어울리는 상황을 고르세요. ( )

① 동생이 놀이터에 간 뒤 연락이 없었지만 잘 놀고 돌아왔다.
② 친구가 답장을 늦게 하자 바로 화를 냈다.
③ 전학 간 친구가 계속 연락을 하며 소식을 전해 주었다.
④ 엄마가 늦게 온다고 하자 계속 전화를 걸었다.

✏️ 읽고 따라 쓰기

⭐ 속담을 소리 내어 읽고 따라 써 보세요.

| 무 | 소 | 식 | 이 | | 희 | 소 | 식 | . |

✓ 비슷한 속담

걱정도 팔자 하지 않아도 될 걱정을 하거나, 관계도 없는 남의 일에 참견하는 사람에게 쓰는 말이에요.

믿는 도끼에 발등 찍힌다

믿었던 사람이 나를 속이거나, 잘될 줄 알았던 일이 틀어졌을 때 쓰는 말이에요. 옛날에는 나무를 벨 때 도끼를 자주 사용했어요. 그런데 잘 쓰던 도끼가 미끄러져 내 발등을 찍는다면 얼마나 놀라고 속상하겠어요? 믿었던 사람에게 속거나 기대한 일이 틀어지면 더 속상한 법이지요. 그러니 서로의 믿음을 저버리지 않도록 노력해야겠죠?

주말에 가족과 함께 북한산에 갔다. 아빠는 "이 산은 내가 손바닥 보듯 안다!"라고 큰소리 빵빵 쳤다. 우리는 아빠만 믿고 산길을 걸었다. 그런데 중간쯤 갔을까? 주변에 사람들이 점점 안 보이더니 아무도 없는 곳에서 길을 잃어버리고 말았다.

그 순간, 나는 진짜 **믿는 도끼에 발등 찍힌** 기분이었다. 우리는 한 시간 넘게 헤매다가 겨우 빠져나올 수 있었다.

산을 내려오며 다짐했다. 다음부터는 꼭 지도를 챙기자. 아니, 그냥 산은 안 가는 걸로!

 ## 속담 퀴즈

1 섞여 있는 글자 카드를 올바른 순서대로 맞춰 보세요.

| 도끼에 | 찍힌다 | 발등 | 믿는 |

2 위에서 완성한 속담과 어울리는 상황을 고르세요. (　　　)

① 친구와의 약속을 잘 지켜 선생님께 칭찬을 받았다.

② 비밀을 꼭 지키겠다고 해 놓고, 다른 친구들에게 얘기해 버렸다.

③ 운동장에서 넘어졌지만, 다시 일어나 끝까지 뛰었다.

④ 매일 피아노를 연습해서 발표회에서 상을 받았다.

 ## 읽고 따라 쓰기

속담을 소리 내어 읽고 따라 써 보세요.

믿	는		도	끼	에	
발	등		찍	힌	다	.

 ## ✓ 비슷한 속담

열 길 물속은 알아도 한 길 사람 속은 모른다

깊은 물속은 얼마나 깊은지 확인할 수 있지만, 사람 마음속은 겉으로 보기만 해서는 알 수 없다는 뜻이에요.

바늘 가는 데 실 간다

항상 함께 다니는 아주 가까운 사이를 말해요. 바느질할 때는 바늘이 먼저 가고, 실이 그 뒤를 늘 따라가지요. 늘 같이 다니는 친구를 보면, 딱 이런 모습이에요. 쉬는 시간에도, 점심시간에도 꼭 붙어 다니니, 마치 바늘과 실처럼 보이지요. 여러분도 바늘과 실 같은 친구가 있나요? 그런 친구가 있다면 하루하루가 참 행복할 거예요.

📝 속담 퀴즈

⭐1 빈칸에 들어갈 글자 카드를 골라 보세요.   (   )

바늘 가는 데 ☐ 간다

| 발 | 밀 | 실 | 줄 |

⭐2 위에서 완성한 속담과 어울리는 상황을 고르세요.   (   )

① 달리기하다가 갑자기 넘어졌다.

② 준비물을 안 가져와서 선생님께 혼이 났다.

③ 이든이와 수안이는 어디든 함께 다니는 단짝 친구다.

④ 혼자서 해결하려고 친구의 도움을 거절했다.

📝 읽고 따라 쓰기

⭐ 속담을 소리 내어 읽고 따라 써 보세요.

바	늘		가	는		데	
실		간	다	.			

✔ 비슷한 속담

구름 갈 제 비가 간다

구름이 가면 비도 따라간다는 뜻으로, 어디든 함께 다니는 단짝이나 친한 사이를 말해요.

1 다음에 어울리는 말에 동그라미 해 보세요.

① 복도에서 넘어진 친구를 보고 (간이 철렁 / 머리가 철렁) 했어요.

② 계단에서 (한눈팔면 / 한 코 팔면) 사고가 날 수 있어요.

③ 숙제를 안 해서 (바늘방석 / 바늘 의자)에 앉은 느낌이에요.

2 숫자를 주고받는 말놀이를 해 보세요.

예
1은 뭘까요? 1은 하늘에 뜬 해 하나
2는 뭘까요? 2는 쫑긋쫑긋 토끼 귀 둘
3은 뭘까요? 3은 삼각김밥 꼭짓점 셋

1은 뭘까요?

2는 뭘까요?

3은 뭘까요?

4는 뭘까요?

5는 뭘까요?

10은 뭘까요?

56

 화살표를 따라 도착까지 가 보세요. 어떤 문장이 나오는지 써 보세요.

출발

복 →	도 →	에 →	서 ↓	떠 ←	야 ↓
서 ←	로 ↑	조 ↓	는 ↓	드 →	보 →
슬 ↑	사 →	심 →	제 ↓	는 ←	바 ↓
퍼 →	랑 →	히 ↓	발 ↓	사 →	람 →
말 →	하 ↑	걸 →	뛰 →	지 →	말 ↓
자 ↓	자 ↓	어 ←	다 ←	녀 ←	자 ↓

도착

바늘 도둑이 소도둑 된다

작은 나쁜 행동도 계속하면 나중에는 큰 잘못으로 이어질 수 있어요. 처음엔 '연필 하나 쯤이야.' 하고 몰래 가져가지만, 자꾸 반복하면 더 큰 물건도 훔치게 될 수 있지요. 그래서 사소한 잘못도 처음부터 바로잡는 게 아주 중요하답니다. 작은 잘못을 가볍게 넘기면 큰 문제로 자라난다는 걸 꼭 기억하세요!

📝 속담 퀴즈

⭐ **1** 빈칸에 들어갈 글자 카드를 골라 보세요.   (   )

바늘 도둑이 [   ] 된다

책도둑	소도둑	꿈도둑	잠도둑

⭐ **2** 위에서 완성한 속담과 어울리는 상황을 고르세요.   (   )

① 연필을 몰래 훔치다가 나중에는 돈까지 훔치게 되었다.

② 친구에게 "오늘은 날씨가 좋겠다."라고 말했더니 날씨가 맑았다.

③ 매일 숙제를 열심히 했더니 시험에서 좋은 점수를 받았다.

④ 친구에게 칭찬을 많이 해 주자 친구 기분이 좋아졌다.

📝 읽고 따라 쓰기

⭐ 속담을 소리 내어 읽고 따라 써 보세요.

바	늘		도	둑	이	
소	도	둑		된	다	.

˅ 비슷한 속담

개미구멍이 둑을 무너뜨린다   아주 작은 구멍이라도 그냥 두면 둑을 무너뜨릴 수 있다는 뜻으로, 작은 잘못이 큰 문제를 만들 수 있어요.

배보다 배꼽이 더 크다

가장 중요한 것보다 덧붙은 게 더 클 때 쓰는 말이에요. 배는 크고 배꼽은 작아야 자연스럽지요? 그런데 배보다 배꼽이 더 크면 정말 이상해 보여요. 예를 들어, 초콜릿보다 포장 상자값이 더 비쌀 때도 이 속담을 쓸 수 있지요. 그래서 어떤 일을 할 때는 무엇이 가장 중요한지 살펴보는 게 필요해요.

○○월 ○○일 ○요일		날씨 ☀ ☁ ☂ ☔
일어난 시간 :		잠드는 시간 :

제목 : 수리비 폭탄 자동차

지난주에 마트에서 장난감 자동차를 샀다. 원래는 오천 원이었는데, 세일 해서 삼천 원에 샀다. "야호, 완전 득템!"
그런데 오늘 자동차를 가지고 놀다가 바퀴가 빠졌다. 아빠가 알아보시더니 수리비가 삼만 원이나 든다고 하셨다. 세상에, **배보다 배꼽이 더 크잖아!** 차라리 새 거를 다시 사는 게 낫나? 아니다. 세일 한다고 무조건 사지 말고 튼튼한지도 꼭 확인해야겠다.

📝 속담 퀴즈

⭐ **1** 빈칸에 들어갈 글자 카드를 골라 보세요.　　（　　　　）

☐ 보다 배꼽이 더 크다

| 차 | 배 | 새 | 똥 |

⭐ **2** 위에서 완성한 속담과 어울리는 상황을 고르세요.　　（　　）

① 달리기하다가 운동화 끈이 풀려 넘어졌다.
② 우산을 안 가져와서 비를 맞고 집에 갔다.
③ 선물보다 포장하는 데 더 많은 돈을 썼다.
④ 열심히 공부해서 상장과 상품을 받았다.

📝 읽고 따라 쓰기

⭐ 속담을 소리 내어 읽고 따라 써 보세요.

| 배 | 보 | 다 | | 배 | 꼽 | 이 | |
| 더 | | 크 | 다 | . | | | |

∨ 비슷한 속담

발보다 발가락이 더 크다

발보다 거기에 붙은 발가락이 더 크다는 뜻으로, 기본이 되는 것보다 덧붙이는 것이 더 많거나 더 클 때 쓰는 말이에요.

백지장도 맞들면 낫다

쉬운 일도 같이하면 더 잘할 수 있다는 뜻이에요. 백지장은 아주 얇고 가벼운 하얀 종이 예요. 한 손으로도 쉽게 들 수 있지만, 같이 들면 훨씬 가볍게 느껴지겠죠? 무거운 상자를 옮길 때나 교실 청소를 할 때도 혼자 할 때보다 친구와 같이하면 훨씬 수월하답니다. 이 렇게 친구들과 힘을 합치면 어떤 일이든 더 쉽게 해낼 수 있어요.

초딩 타임즈

○○월 ○○일 ○요일

백지장 맞들기로 깨끗해진 우리 동네

지난 1일, ○○초등학교 학생들이 동네 길거리 청소에 나섰다.

특히 김민서 어린이는 쓰레기를 봉투에 척척 담으며 활약해 눈길을 끌었다. 김민서 어린이는 “백지장도 맞들면 낫다고 하잖아요. 저희도 어른들을 돕고 싶었어요!”라며 환하게 웃었다.

서로 힘을 모은 덕분에 골목길은 금세 반짝반짝 깨끗해졌다.

이번 활동은 매월 1일에 진행되며, 다음 달에도 백지장을 맞들고 싶으면 1일 아침 7시까지 ○○ 학교 운동장으로 집합하면 된다.

단, 진짜 백지장은 들고 오면 안 돼요!

김백지 기자

 속담 퀴즈

⭐ **1** 빈칸에 들어갈 글자 카드를 골라 보세요.　　　　　(　　　　)

□ 도 맞들면 낫다

| 밥그릇 | 고무줄 | 종이컵 | 백지장 |

⭐ **2** 위에서 완성한 속담과 어울리는 상황을 고르세요.　　　　　(　　　　)

① 넘어진 친구를 보고도 그냥 지나쳤다.
② 늦잠을 자는 바람에 친구와의 약속을 지키지 못했다.
③ 그림을 그리다가 실수로 종이를 찢고 말았다.
④ 친구들과 힘을 합쳐 교실 청소를 빨리 마쳤다.

 읽고 따라 쓰기

⭐ 속담을 소리 내어 읽고 따라 써 보세요.

백	지	장	도		맞	들	면	
낫	다	.						

∨ 비슷한 속담

손이 많으면 일도 쉽다　　무슨 일이나 여러 사람이 같이 힘을 합하면 쉽게 잘 이룰 수 있다는 말이에요.

벼 이삭은 익을수록 고개를 숙인다

정말 실력 있는 사람일수록 조용하고 겸손하게 행동한다는 뜻이에요. 가을이 되면 알이 꽉 찬 벼 이삭은 무게 때문에 고개를 푹 숙이지요. 시험에서 늘 1등을 하는 친구가 자신의 실력을 자랑하지 않고 조용히 친구를 도와줄 때가 있어요. 이처럼 뭔가를 잘하는 사람이 잘난 척하지 않고 겸손하게 행동하면, 오히려 더 멋있어 보인답니다!

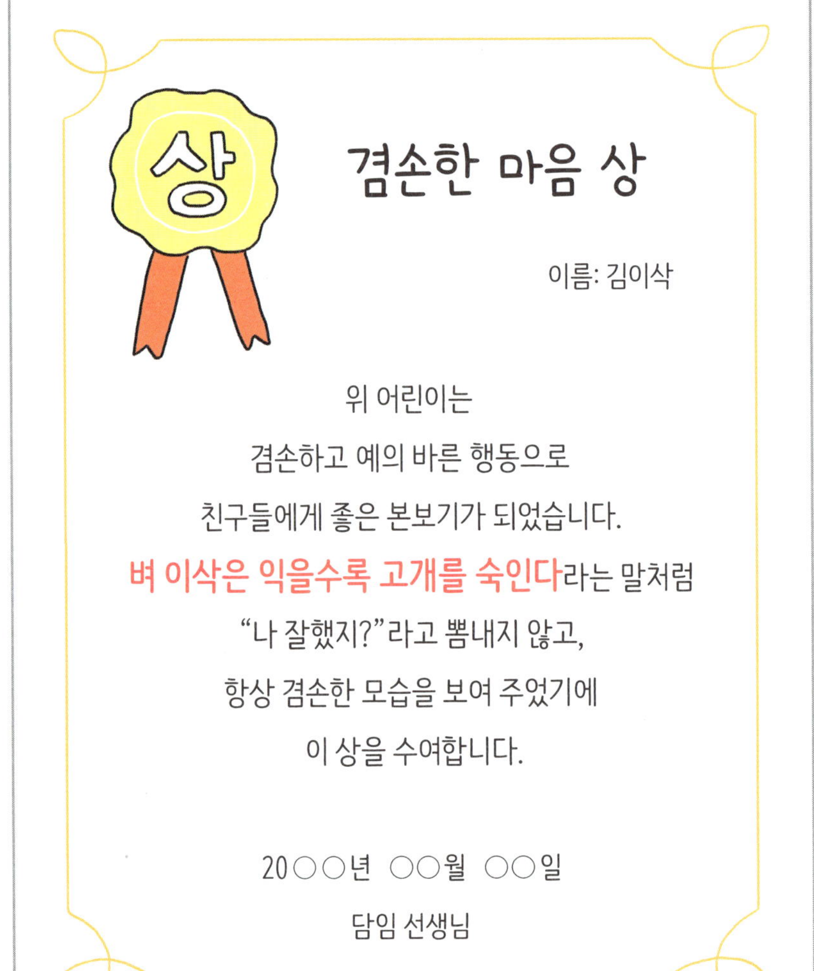

 **속담 퀴즈**

1 빈칸에 들어갈 글자 카드를 골라 보세요.   (   )

벼 이삭은 익을수록 [   ] 를 숙인다

| 고개 | 허리 | 어깨 | 발 |

2 위에서 완성한 속담과 어울리는 상황을 고르세요.   (   )

① 시험에서 100점을 받았지만, 자랑하지 않았다.
② 친구보다 달리기를 잘한다고 자랑했다.
③ 반장 선거에서 떨어졌다고 짜증 냈다.
④ 친구가 실수하자 놀리면서 깔깔거렸다.

 **읽고 따라 쓰기**

속담을 소리 내어 읽고 따라 써 보세요.

| 벼 | | 이 | 삭 | 은 | | 익 | 을 | 수 | 록 | |
| 고 | 개 | 를 | | 숙 | 인 | 다 | . | | | |

 **∨ 비슷한 속담**

물이 깊을수록 소리가 없다

강이나 연못은 깊은 곳일수록 조용해요. 지혜롭고 마음이 깊은 사람일수록 조용하고 겸손하게 행동한다는 뜻이에요.

불난 집에 부채질한다

속상한 사람을 더 속상하게 하거나, 화난 사람을 더 화나게 만들 때 쓰는 말이에요. 불이 난 집에다 부채질을 하면 불길이 더 거세지겠지요? 친구가 실수해서 속상해하고 있는데 "너 그것밖에 못 해?" 하고 놀리면 기분은 더 나빠져요. 그러니까 친구가 속상해할 때는 따뜻하게 위로해 주는 말을 해 주면 좋겠어요.

📝 속담 퀴즈

⭐1 빈칸에 들어갈 글자 카드를 골라 보세요.   (   )

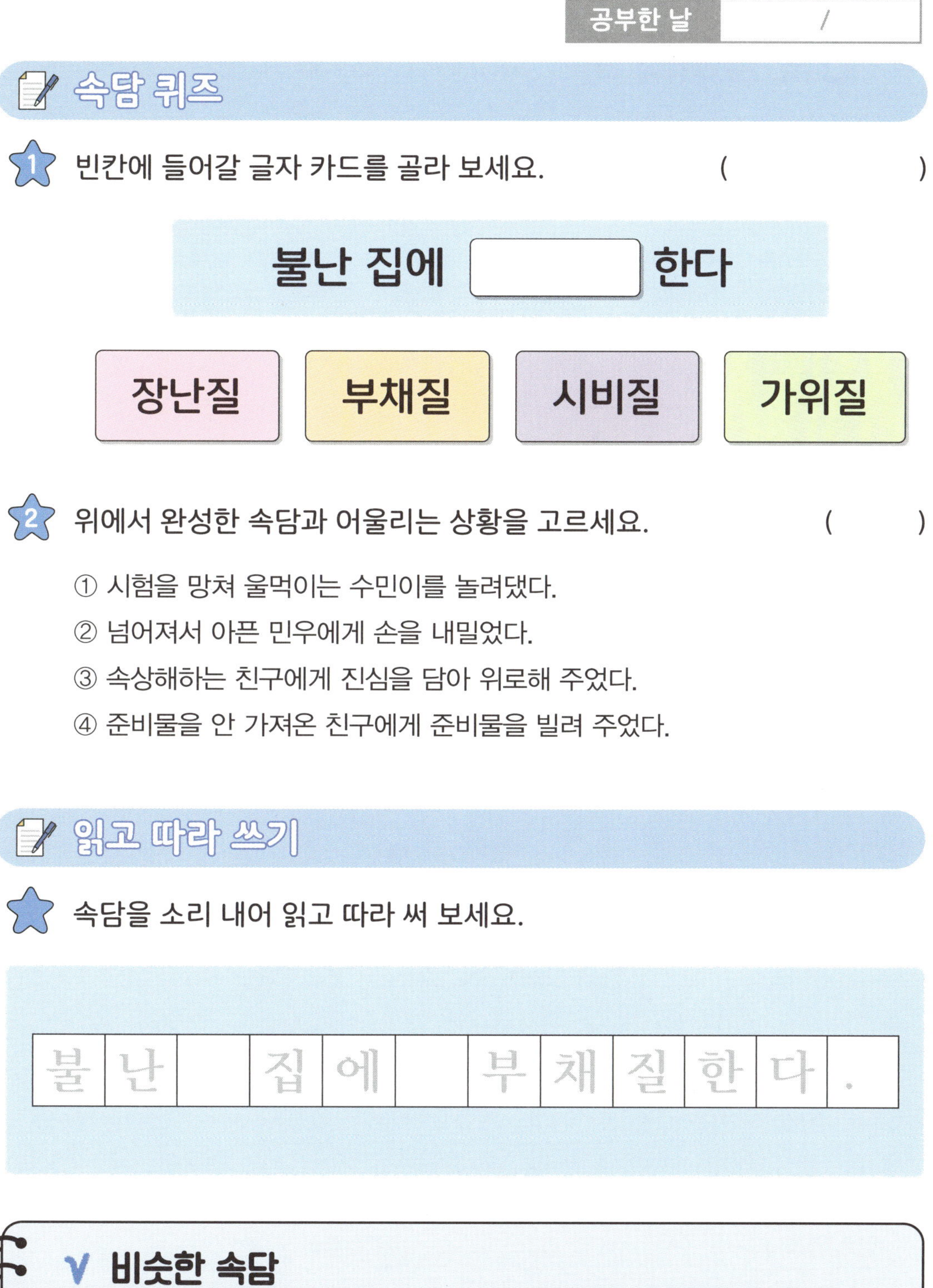

⭐2 위에서 완성한 속담과 어울리는 상황을 고르세요.   (   )

① 시험을 망쳐 울먹이는 수민이를 놀려댔다.

② 넘어져서 아픈 민우에게 손을 내밀었다.

③ 속상해하는 친구에게 진심을 담아 위로해 주었다.

④ 준비물을 안 가져온 친구에게 준비물을 빌려 주었다.

📝 읽고 따라 쓰기

⭐ 속담을 소리 내어 읽고 따라 써 보세요.

불	난		집	에		부	채	질	한	다	.

✓ 비슷한 속담

끓는 국에 국자 휘젓는다

이미 끓고 있는 국을 휘저으면 국물이 더 끓어 넘치듯, 이미 화가 난 사람을 더 자극해서 상황을 더 나쁘게 만들 때 쓰는 말이에요.

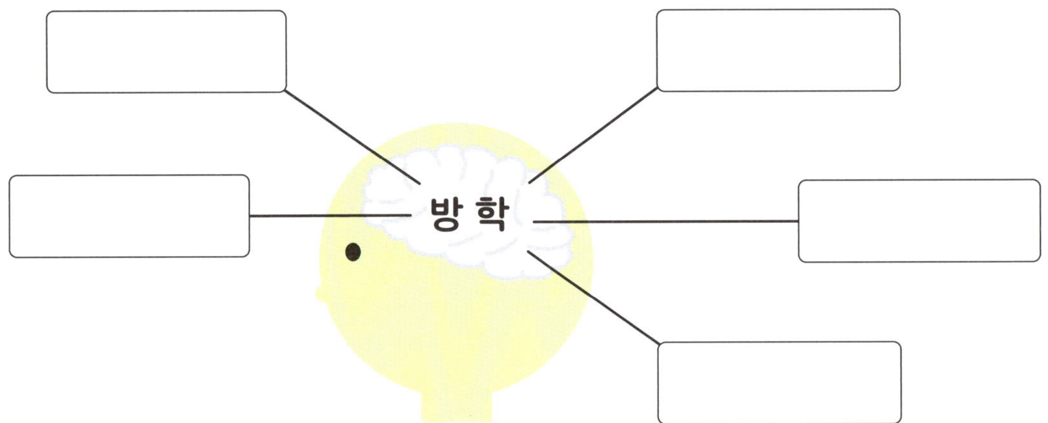

1 '방학'과 관련된 낱말을 생각 그물에 써 보세요.

2 가로세로 낱말 퍼즐을 알맞게 풀어 보세요.

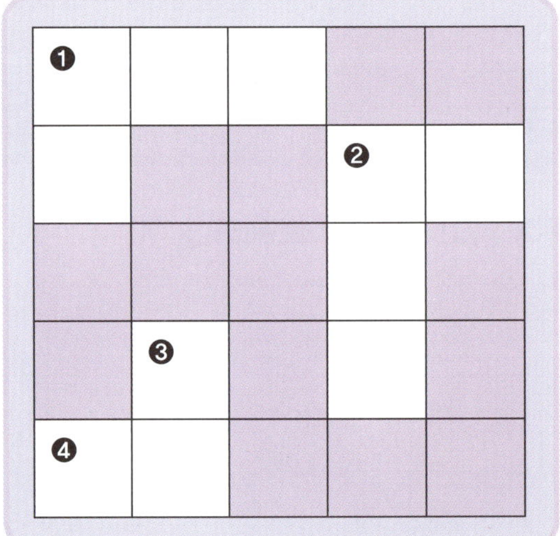

가로 열쇠

❶ ○○○도 나무에서 떨어진다.

❷ ○○도 약에 쓰려면 없다.

❹ ○○이 맑아야 아랫물이 맑다.

세로 열쇠

❶ ○○는 외나무 다리에서 만난다.

❷ 우물 안 ○○○.

❸ ○○을 파도 한 ○○만 파라.

 사다리를 타고 내려가 나라와 어울리는 음식을 찾아보세요.

보기 **피자, 비빔밥, 초밥, 쌀국수**

빈 수레가 요란하다

겉으로는 요란하지만, 속은 알맹이가 없는 사람을 말해요. 짐이 없는 빈 수레는 덜컹거려서 시끄럽고, 짐이 가득 실린 수레는 오히려 조용하지요. 그래서 아는 게 적으면서 괜히 아는 체하거나, 가진 게 없으면서 있는 척 떠벌리는 사람을 가리킬 때 쓰는 말이에요. 겉으로 떠들기보다 속을 알차게 채우는 사람이 되어 보세요!

📝 속담 퀴즈

⭐1 빈칸에 들어갈 글자 카드를 골라 보세요.   (   )

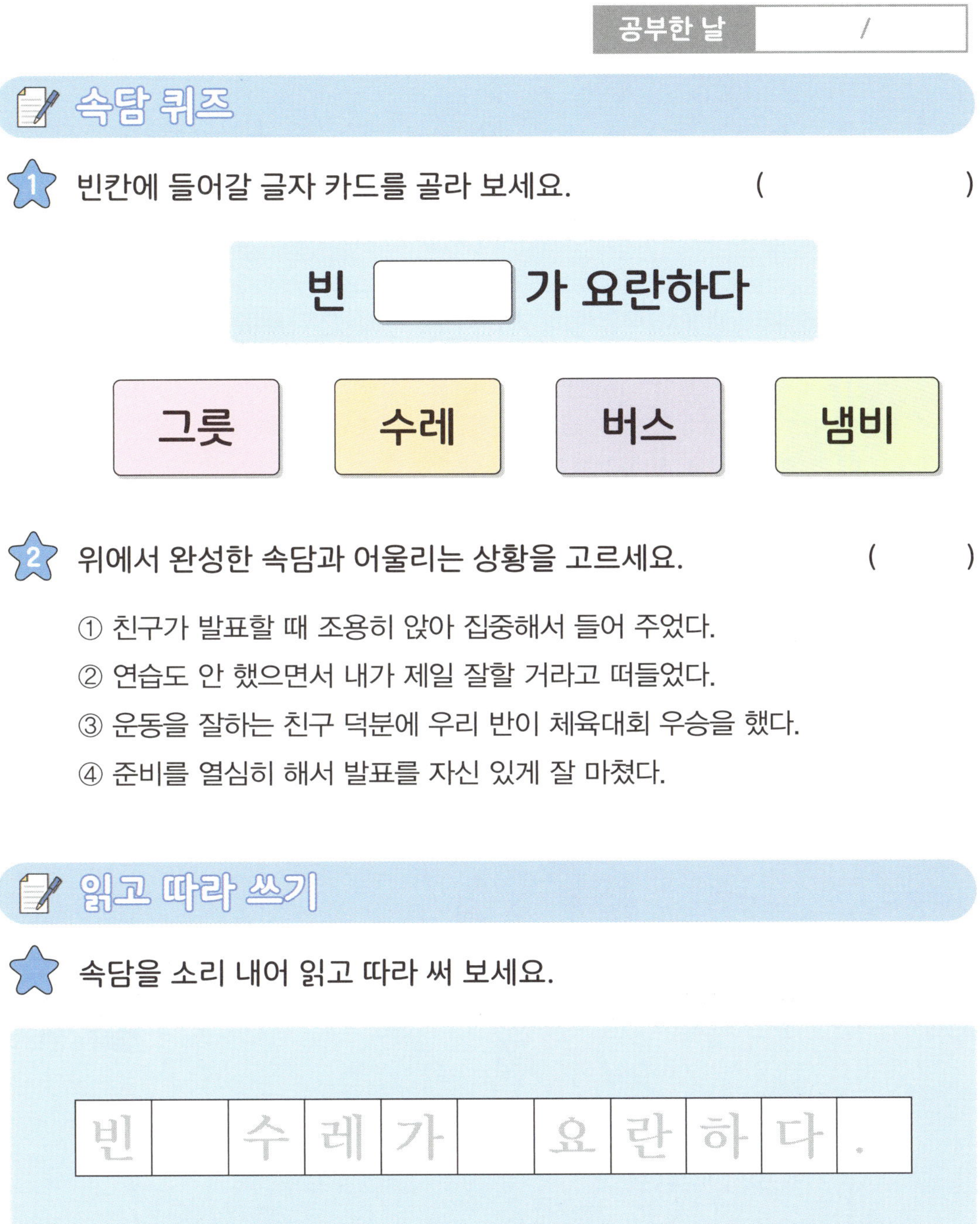

빈 ☐ 가 요란하다

| 그릇 | 수레 | 버스 | 냄비 |

⭐2 위에서 완성한 속담과 어울리는 상황을 고르세요.   (   )

① 친구가 발표할 때 조용히 앉아 집중해서 들어 주었다.
② 연습도 안 했으면서 내가 제일 잘할 거라고 떠들었다.
③ 운동을 잘하는 친구 덕분에 우리 반이 체육대회 우승을 했다.
④ 준비를 열심히 해서 발표를 자신 있게 잘 마쳤다.

📝 읽고 따라 쓰기

⭐ 속담을 소리 내어 읽고 따라 써 보세요.

| 빈 | | 수 | 레 | 가 | | 요 | 란 | 하 | 다 | . |

∨ 비슷한 속담

속이 빈 깡통이 소리만 요란하다 말은 많지만, 내용이 없거나 아는 척만 하는 사람을 보고 쓸 수 있어요.

사공이 많으면 배가 산으로 간다

여러 사람이 자기주장만 내세우면 일이 제대로 되지 않는다는 뜻이에요. 한 배에 사공이
여러 명 타면 누구는 왼쪽으로, 누구는 오른쪽으로 저으려 하겠지요. 그러면 배가 제자리
에서 맴돌거나 엉뚱한 곳으로 가 버릴 수도 있어요. 그래서 친구들과 함께할 때는 자기주
장만 내세우기보다 마음을 하나로 모으는 게 중요해요.

📝 속담 퀴즈

⭐1 빈칸에 들어갈 글자 카드를 골라 보세요.　　　（　　　　　）

사공이 많으면 배가 ☐으로 간다

숲	강	섬	산

⭐2 위에서 완성한 속담과 어울리는 상황을 고르세요.　　　（　　　　）

① 의견을 모아 역할을 나누고, 벽화를 멋지게 완성했다.
② 가족이 함께 요리를 해서 맛있는 음식을 만들었다.
③ 친구들과 함께 의견을 모아 학예회 주제를 정했다.
④ 회의에서 모두가 자기 의견만 내세우고 결정을 못 했다.

📝 읽고 따라 쓰기

⭐ 속담을 소리 내어 읽고 따라 써 보세요.

사	공	이		많	으	면		배	가	
산	으	로		간	다	.				

✔ 비슷한 속담

말 많은 집은 장맛도 쓰다　집안에 간섭하거나 잔소리하는 사람이 너무 많으면, 된장이나 간장 같은 음식조차 제대로 맛을 낼 수 없다는 뜻이에요.

산 넘어 산이다

힘든 일 뒤에 또 다른 일이 남아 있는 상황을 뜻해요. 산을 하나 겨우 넘었는데 넘어야 할 산이 또 있다니요! 겨우 받아쓰기 시험을 끝냈더니 또 곧이어 수학 시험이 남아 있는 거예요. 힘든 일은 언제나 줄줄이 오는 법이죠. 그럴 때 필요한 건 힘든 일도 그러려니 즐길 줄 아는 자세가 아닐까요? 힘든 일도 즐겨보자고요!

식물 관찰 기록지

관찰 식물 : **강낭콩**　　　　　　　　　　○○월 ○○일 ○요일

관찰 내용	잎은 약 20장, 드디어 꽃 피우기 성공! 초록색 줄기에 작고 동그란 꽃봉오리가 생기더니, 오늘 보니 예쁜 꽃이 피어 있었다. 꽃잎은 부드럽고 얇은 종이 같고, 나비 날개처럼 보이기도 한다.
느낀 점	우리 쑥쑥이가 드디어 꽃을 피웠다. 이제 다음 단계는 열매 맺기! **산 넘어 산이지?** 쑥쑥아, 인생은 원래 힘든 거란다. 힘을 내어 어서 강낭콩을 만들어 주렴!

📝 속담 퀴즈

⭐1 빈칸에 공통으로 들어갈 글자 카드를 골라 보세요.   (   )

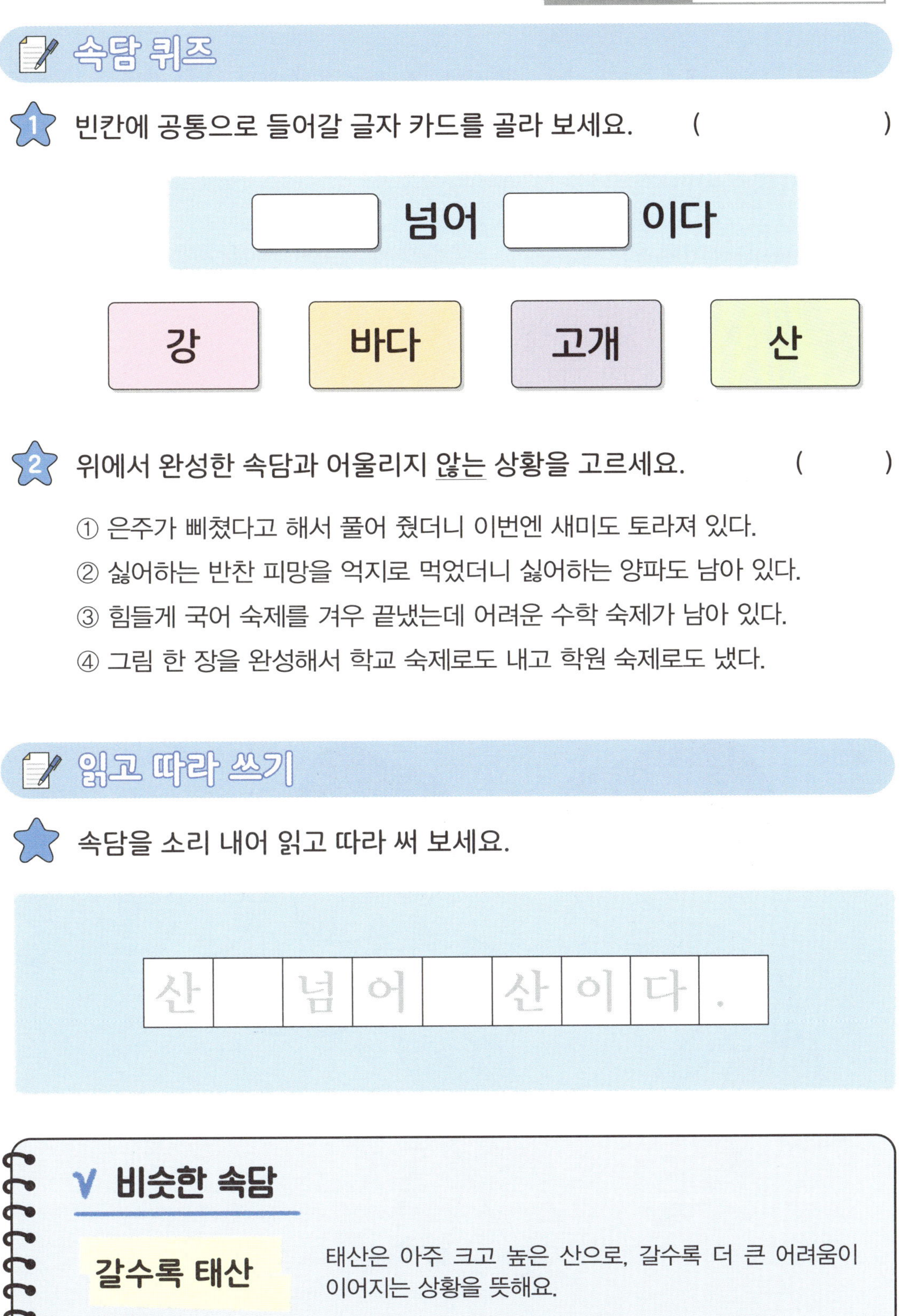

⭐2 위에서 완성한 속담과 어울리지 <u>않는</u> 상황을 고르세요.   (   )

① 은주가 삐쳤다고 해서 풀어 줬더니 이번엔 새미도 토라져 있다.

② 싫어하는 반찬 피망을 억지로 먹었더니 싫어하는 양파도 남아 있다.

③ 힘들게 국어 숙제를 겨우 끝냈는데 어려운 수학 숙제가 남아 있다.

④ 그림 한 장을 완성해서 학교 숙제로도 내고 학원 숙제로도 냈다.

📝 읽고 따라 쓰기

⭐ 속담을 소리 내어 읽고 따라 써 보세요.

| 산 | | 넘 | 어 | | 산 | 이 | 다 | . |

✓ 비슷한 속담

갈수록 태산　　태산은 아주 크고 높은 산으로, 갈수록 더 큰 어려움이 이어지는 상황을 뜻해요.

세 살 적 버릇이 여든까지 간다

어릴 적 습관이나 어릴 때 자주 하던 행동은 쉽게 고치기 어렵다는 뜻이에요. 여든 살 노인이 될 때까지 말이죠. 유치원이나 초등학생 시절부터 바르게 앉는 게 습관이 되지 않는 친구들은 나중에 어른이 되어서도 잘못된 자세를 고치기 힘들어 병까지 얻을 수도 있어요. 뭐든 어릴 때 좋은 습관을 많이 길러두자고요!

📝 속담 퀴즈

⭐ 빈칸에 들어갈 글자 카드를 골라 보세요. (   )

> ## 세 살 적 [　　] 이 여든까지 간다

| 버릇 | 마음 | 얼굴 | 목소리 |

⭐ 위에서 완성한 속담과 어울리는 상황을 고르세요. (   )

① 시안이는 어려서부터 손톱을 물어뜯더니, 지금도 손톱을 물어뜯는다.
② 민수는 한글을 늦게 배웠는데, 지금은 글씨를 잘 쓴다.
③ 의섭이는 자기 방이 생기니까 항상 방을 깨끗하게 정리한다.
④ 성훈이는 어릴 때 우유를 안 마셨지만, 이제는 매일 우유를 마신다.

📝 읽고 따라 쓰기

⭐ 속담을 소리 내어 읽고 따라 써 보세요.

세	살	적	버	릇이	
여	든	까	지	간	다.

∨ 비슷한 속담

제 버릇 개 줄까

오랫동안 굳어진 습관은 쉽게 고치기 힘들다는 뜻으로, 주로 나쁜 습관을 말해요.

소 잃고 외양간 고친다

일이 일어난 뒤에는 소용없다는 뜻이에요. 소가 사는 집을 '외양간'이라고 하는데, 소가 그 외양간을 뛰쳐나간 뒤에 고쳐 봤자 무슨 소용이 있냐는 말이죠. 아끼는 장난감을 잃어버리고 나서야 장난감 정리를 시작하는 경우처럼요. 그러니 어떤 일이 일어나기 전에 미리 준비하고 대비하는 게 좋겠지요?

○○월 ○○일 ○요일	날씨
일어난 시간 :	잠드는 시간 :

제목 :　피와 바꾼 교훈

신나게 킥보드를 타고 있는데 갑자기 강아지가 내 쪽으로 달려왔다. 나는 깜짝 놀라서 방향을 확 틀었다가 넘어지고 말았다. 무릎에서 피까지 났다.

그제야 무릎 보호대를 안 했다는 것이 생각났다. '소 잃고 외양간 고친다'는 말이 바로 이런 거구나 싶었다. 다음부터는 무릎 보호대, 손목 보호대, 헬멧까지 챙길 수 있는 건 모두 챙기기로 마음먹었다.

 ## 속담 퀴즈

⭐1 섞여 있는 글자 카드를 올바른 순서대로 맞춰 보세요.

외양간	잃고	고친다	소

⭐2 위에서 완성한 속담과 어울리는 상황을 고르세요.　　　　(　)

① 장난감을 아무 데나 두었다가 잃어버리자, 그제야 장난감을 정리했다.

② 아침에 일찍 일어나 준비를 해서 지각하지 않았다.

③ 소풍 가기 전날 도시락을 미리 싸 두었다.

④ 시험 공부를 열심히 해서 좋은 점수를 받았다.

 ## 읽고 따라 쓰기

⭐ 속담을 소리 내어 읽고 따라 써 보세요.

소		잃 고		외 양 간	
고 친 다 .					

 ## 비슷한 속담

도둑맞고 사립 고친다

도둑이 들어 물건을 다 잃고 나서야 문을 고친다는 뜻으로, 이미 손해를 보고 난 뒤 늦게 대처하는 상황을 안 좋게 말할 때 쓰여요.

한글 놀이터 6

1 띄어쓰기에 맞게 문장을 또박또박 써 보세요.

실	수	해	도	괜	찮	아	!		

책	은	지	혜	의	열	쇠	이	다	.		

2 주어진 낱말을 가지고 끝말잇기를 해 보세요.

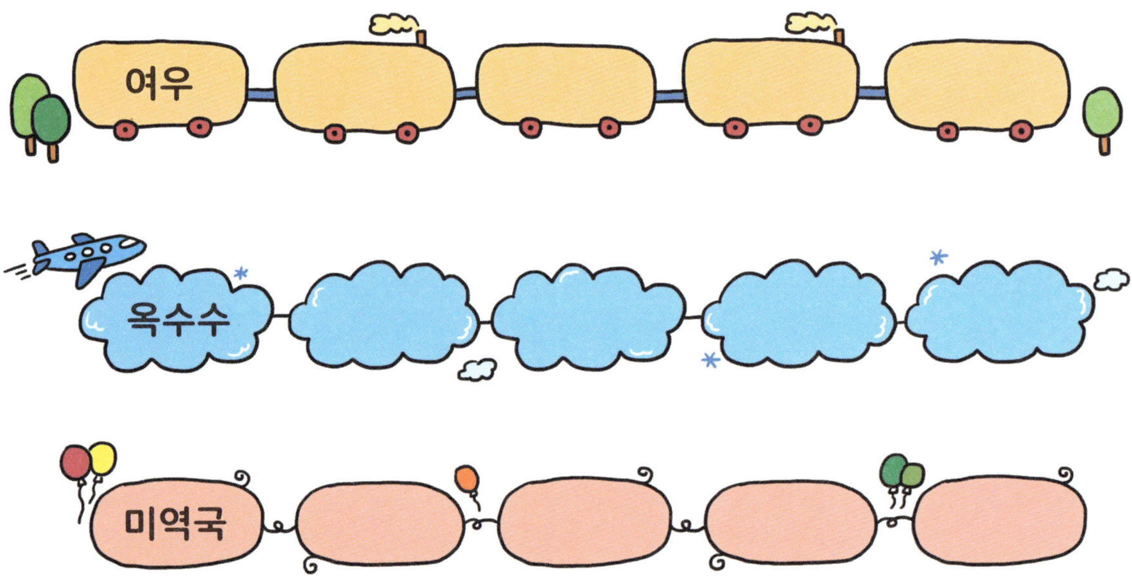

3 '학교'와 관련된 숨은 낱말을 가로, 세로, 대각선으로 찾아보세요.

숨은 낱말	교실, 보건실, 과학실, 음악실, 급식실, 컴퓨터실, 체육관, 도서실

교	도	병	음	떡	꽃	컴
실	별	서	악	빵	찮	퓨
방	키	팔	실	튜	종	터
체	눈	소	복	급	식	실
카	육	볼	과	브	요	의
한	빨	관	유	학	동	뺨
적	보	건	실	달	실	맘

수박 겉 핥기

어떤 일에 대해 속까지 잘 알지 못하고 겉만 대충 아는 것을 뜻해요. 수박 겉을 아무리 핥아도 진짜 수박 맛은 모르는 것처럼요. 같은 반 친구여도 이름만 대충 알고 대화 한 번 안 해 봤다면, 그 친구에 대해 수박 겉 핥기로 알고 있다고 할 수 있어요. 때로는 겉만 대충 알기보다는 속까지 깊이 알아보는 게 어떨까요?

독서 감상문

책 제목 : **토끼와 거북이의 경주**

지은이 : **이솝**　　　　　읽은 날짜 : ○○월 ○○일 ○요일

읽은 내용

토끼와 거북이는 누가 더 빠른지 달리기 시합을 했다.

읽고 나서 느낀 점

느릿느릿한 거북이가 엄청나게 빠른 토끼랑 달리기 시합을 하다니?
푸하하! 당연히 토끼가 이겼을 거다.

선생님 한마디

연두야, 책 표지만 보고 독서 감상문을 쓴 것 같구나.
수박 겉 핥기로 책의 겉만 대충 보지 말고, 다음부터는 책의 내용을 꼭 읽어 보자!

📝 속담 퀴즈

⭐**1**　빈칸에 들어갈 글자 카드를 골라 보세요.　　　　　（　　　　）

	겉 핥기

귤	사과	수박	참외

⭐**2**　위에서 완성한 속담과 어울리지 <u>않는</u> 상황을 고르세요.　　　（　　　　）

① 놀이 규칙을 대충 듣고 시작했다가 놀이에서 계속 졌다.

② 설명서를 대충 보고 장난감을 조립하려다 실패했다.

③ 엄마가 알려 준 길을 대충 듣고 심부름 나갔다가 길을 헤맸다.

④ 숙제를 꼼꼼히 여러 번 확인해서 완벽하게 해냈다.

📝 읽고 따라 쓰기

⭐　속담을 소리 내어 읽고 따라 써 보세요.

수	박		겉		핥	기	.

⌄ 비슷한 속담

꿀단지 겉 핥기　　속의 내용이 아닌 겉만 보고 대충 안다는 뜻으로, 깊이 있게 이해하는 것의 중요성을 말해요.

시작이 반이다

어떤 일이든 시작하면 반은 한 셈이니, 망설이지 말고 시도해 보라는 뜻이에요. 방이 너무 어지럽고 지저분하면 아예 청소를 시작하기조차 어려울 때가 있지요? 하지만 한 번 시작이라도 해 봐요. 시작이 어렵지, 시작하고 나면 금세 깨끗해져 있을 거예요. 어떤 어려운 일이라도 일단 시작하는 게 제일 중요하다는 거 잊지 말아요.

📝 속담 퀴즈

⭐**1** 빈칸에 들어갈 글자 카드를 골라 보세요.   (   )

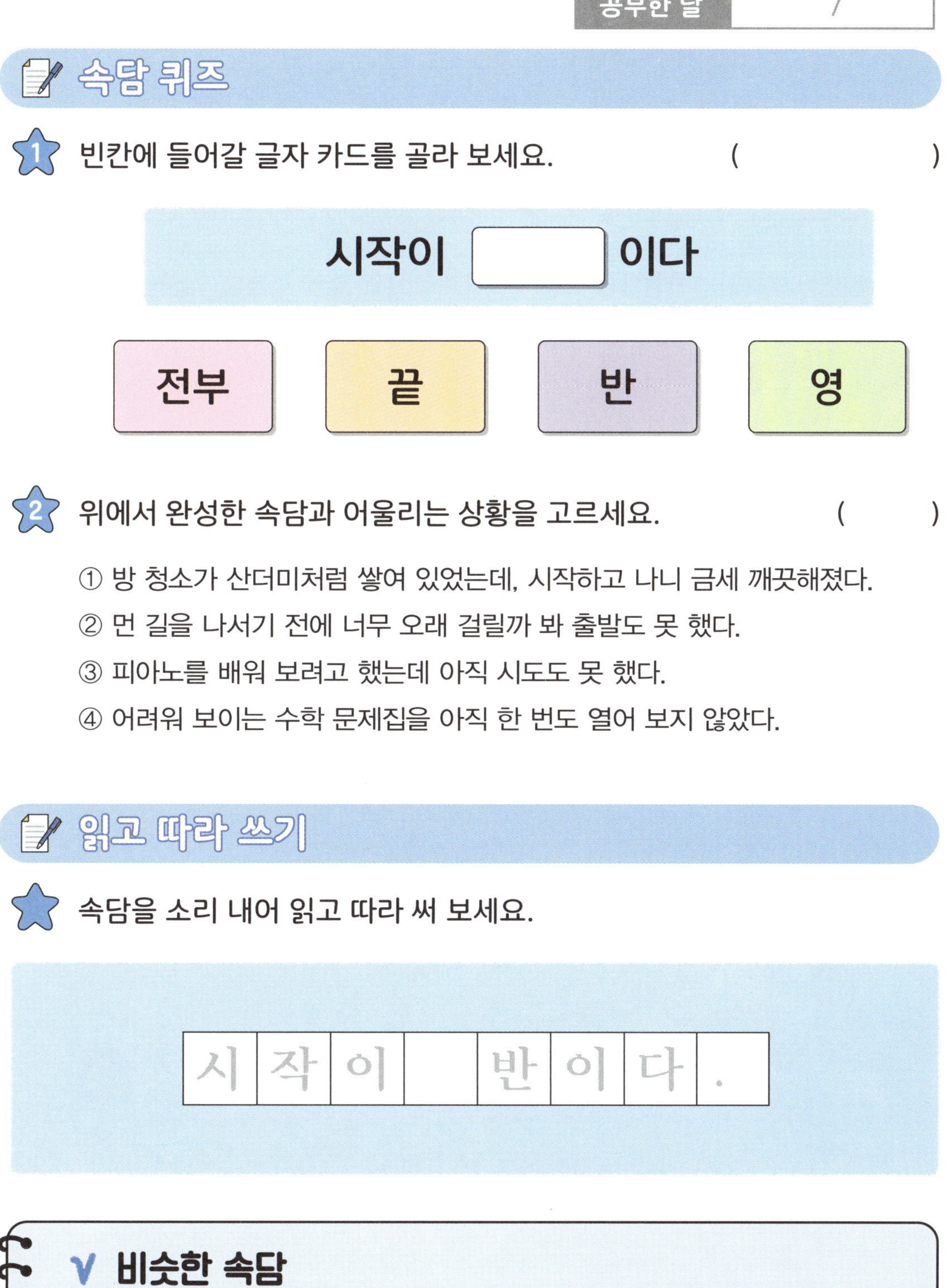

⭐**2** 위에서 완성한 속담과 어울리는 상황을 고르세요.   (   )

① 방 청소가 산더미처럼 쌓여 있었는데, 시작하고 나니 금세 깨끗해졌다.

② 먼 길을 나서기 전에 너무 오래 걸릴까 봐 출발도 못 했다.

③ 피아노를 배워 보려고 했는데 아직 시도도 못 했다.

④ 어려워 보이는 수학 문제집을 아직 한 번도 열어 보지 않았다.

📝 읽고 따라 쓰기

⭐ 속담을 소리 내어 읽고 따라 써 보세요.

시 작 이   반 이 다 .

∨ 비슷한 속담

천 리 길도 한 걸음부터

아무리 어려운 일이더라도 출발은 한 걸음부터 시작된다는 뜻이에요.

아니 땐 굴뚝에 연기 날까

어떤 일이 생긴 데에는 그럴만한 이유가 있다는 뜻으로, 불을 피웠으니 굴뚝에 당연히 연기가 난다는 말이에요. 어떤 친구가 전학을 간다는 소문이 도는 거예요. 그렇게 소문이 났을 때는 그런 말이 들려오는 이유가 있지 않을까요? 어떤 일도 아무 이유 없이 생기지 않는다는 뜻을 전할 때 쓰는 표현이랍니다.

 속담 퀴즈

1 섞여 있는 글자 카드를 올바른 순서대로 맞춰 보세요.

| 날까 | 굴뚝에 | 연기 | 아니 땐 |

2 위에서 완성한 속담과 어울리지 <u>않는</u> 상황을 고르세요. ( )

① 만난 적도 없는 친구와 싸웠다는 소문이 났다.

② 친구가 이사 간다는 소문이 났는데, 정말 곧 전학을 갔다.

③ 친구가 나를 좋아한다는 소문이 났는데, 곧 고백을 받았다.

④ 강아지가 짖어서 현관을 보니 엄마가 집에 오셨다.

 읽고 따라 쓰기

속담을 소리 내어 읽고 따라 써 보세요.

| 아 | 니 | | 땐 | | 굴 | 뚝 | 에 | |
| 연 | 기 | | 날 | 까 | . | | | |

 ∨ 비슷한 속담

뿌리 없는 나무에 잎이 필까

모든 결과에는 반드시 이유가 있다는 뜻으로, 근거 없는 소문은 없다고 이야기할 때 자주 쓰여요.

우물 안 개구리

자기 주변의 좁은 세상만 알고, 더 넓은 세상에 대해서는 잘 모르는 사람을 뜻해요. 경험도 적고 아는 게 없어서 우물 밖의 세상은 더 상상할 수 없는 개구리에 빗대어 말하는 거죠. 내가 먹어 봤던 음식만 먹으려고 고집하거나 내가 평소 읽는 책만 읽으려는 친구들이 그 예인데, 열린 마음으로 더 다양한 것들을 시도해 보세요.

초딩 타임즈

○○월 ○○일 ○요일

오늘의 인터뷰 **초등부 태권도 동메달리스트를 만나다!**

Q 태권도 대회에서 동메달을 딴 김동은 선수를 만나 보겠습니다. 이번 대회에 출전한 이유가 있다면 말해 주세요.

A 제가 다니는 태권도 학원뿐만 아니라 다양한 곳에서 오는 선수들과 겨뤄 보고 싶었습니다.

Q 다양한 선수들과 겨루고 나니 어땠나요?

A 제가 **우물 안 개구리**였다는 걸 알게 되었어요. 세상은 넓고 실력자는 많다는 걸 알게 됐죠.

Q 그럼 다음 대회 출전 계획은 어떻게 될까요?

A 우물 밖으로 나와, 다음에는 외국 선수들과도 경쟁하는 대회를 계획 중입니다. 많은 응원 부탁드려요.

이취재 기자

📝 속담 퀴즈

⭐1 빈칸에 들어갈 글자 카드를 골라 보세요.   (   )

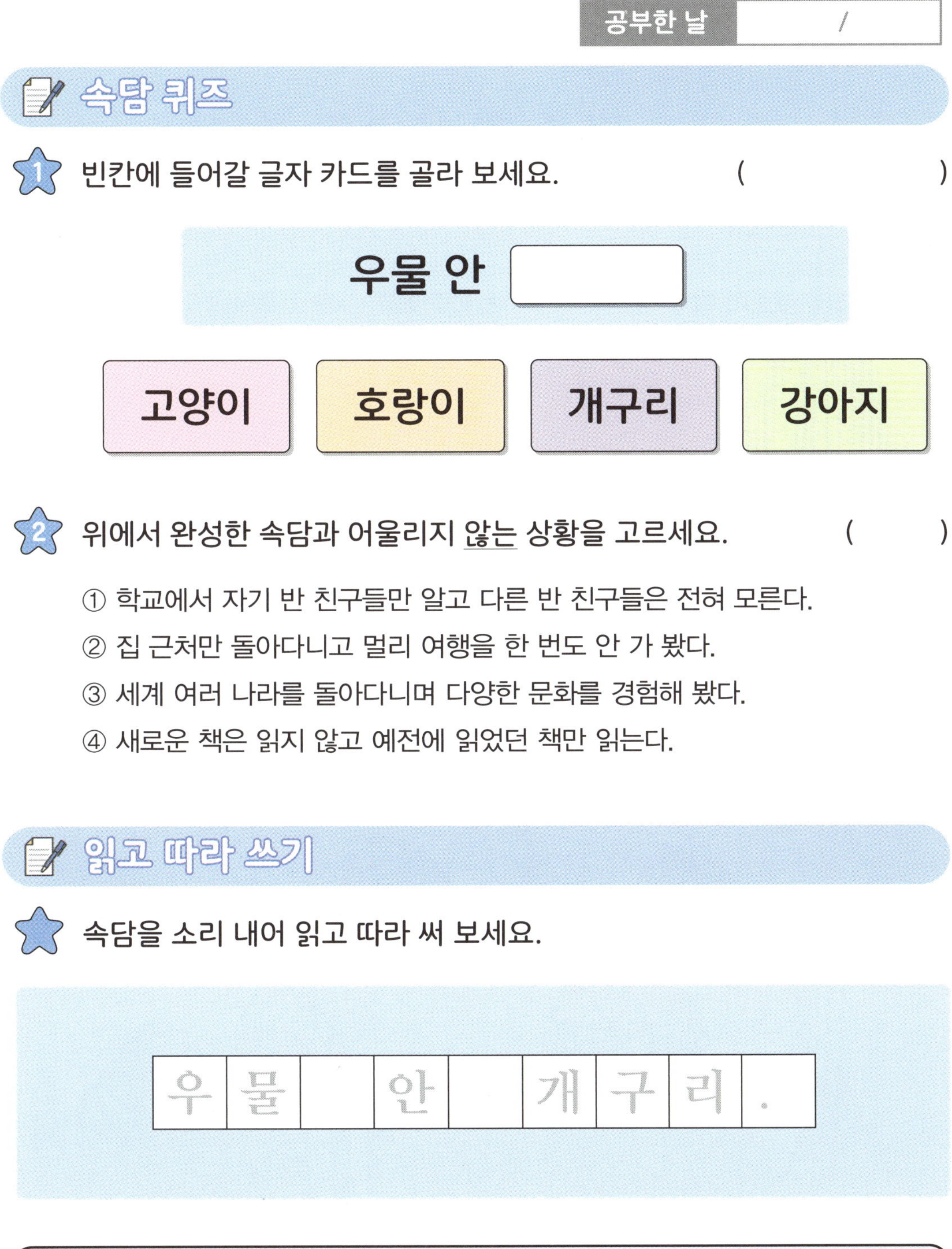

⭐2 위에서 완성한 속담과 어울리지 <u>않는</u> 상황을 고르세요.   (   )

① 학교에서 자기 반 친구들만 알고 다른 반 친구들은 전혀 모른다.
② 집 근처만 돌아다니고 멀리 여행을 한 번도 안 가 봤다.
③ 세계 여러 나라를 돌아다니며 다양한 문화를 경험해 봤다.
④ 새로운 책은 읽지 않고 예전에 읽었던 책만 읽는다.

📝 읽고 따라 쓰기

⭐ 속담을 소리 내어 읽고 따라 써 보세요.

| 우 | 물 | | 안 | | 개 | 구 | 리 | . |

✓ 비슷한 속담

바늘구멍으로 하늘 보기   넓은 세상을 아주 좁은 면만 본다는 뜻으로, 적은 경험이나 좁은 시야로만 세상을 판단하는 경우에 쓰여요.

우물을 파도 한 우물만 파라

한 가지 일을 꾸준히 해야 성공할 수 있다는 뜻이에요. 우물을 여기 팠다가 저기 팠다가 하면 결국 한 개의 우물도 깊게 파지 못할 거예요. 선생님이 도화지를 한 장 주고 그림을 그리라고 했을 때, 이거 그리다, 저거 그리다 계속 바꾸면 결국 그림을 완성하기 힘들겠죠? 어떤 일이든 꾸준히 하나만이라도 열심히 해 보세요!

 ## 속담 퀴즈

1 빈칸에 공통으로 들어갈 글자 카드를 골라 보세요.   (   )

> ☐ 을 파도 한 ☐ 만 파라

| 땅 | 온천 | 우물 | 동굴 |

2 위에서 완성한 속담과 어울리는 상황을 고르세요.   (   )

① 장래 희망에 따라 학원도 계속 옮겨 다닌다.

② 미술 시간에 하나를 완성하지 않고, 계속 재료만 바꾼다.

③ 놀이 시간에 피구 하자고 했다가 축구 하자고 한다.

④ 악기를 하나 배우고 싶어서 몇 년간 바이올린만 꾸준히 연습했다.

 ## 읽고 따라 쓰기

⭐ 속담을 소리 내어 읽고 따라 써 보세요.

우	물	을		파	도		한	
우	물	만		파	라	.		

∨ 비슷한 속담

열 번 찍어 아니 넘어가는 나무 없다

아무리 뜻이 굳은 사람이라도 여러 번 권하면 결국은 마음이 변하는 것처럼 꾸준히 노력하면 결국 해낼 수 있다는 뜻이에요.

1 반대말을 찾아 선으로 이어 보세요.

부족하다	넉넉하다
따뜻하다	습하다
건조하다	쌀쌀하다
부지런하다	게으르다

2 빈칸에 공통으로 들어갈 단어를 보기에서 찾아 써 보세요.

보기 발 손 눈 귀 입

☐ 이 넓다 아는 사람이 많다

☐ 벗고 나서다 적극적으로 도와주다

☐ 등에 불이 떨어지다 일이 몹시 급하다

3 선을 따라가서 알맞은 낱말을 <보기>에서 찾아 써 보세요.

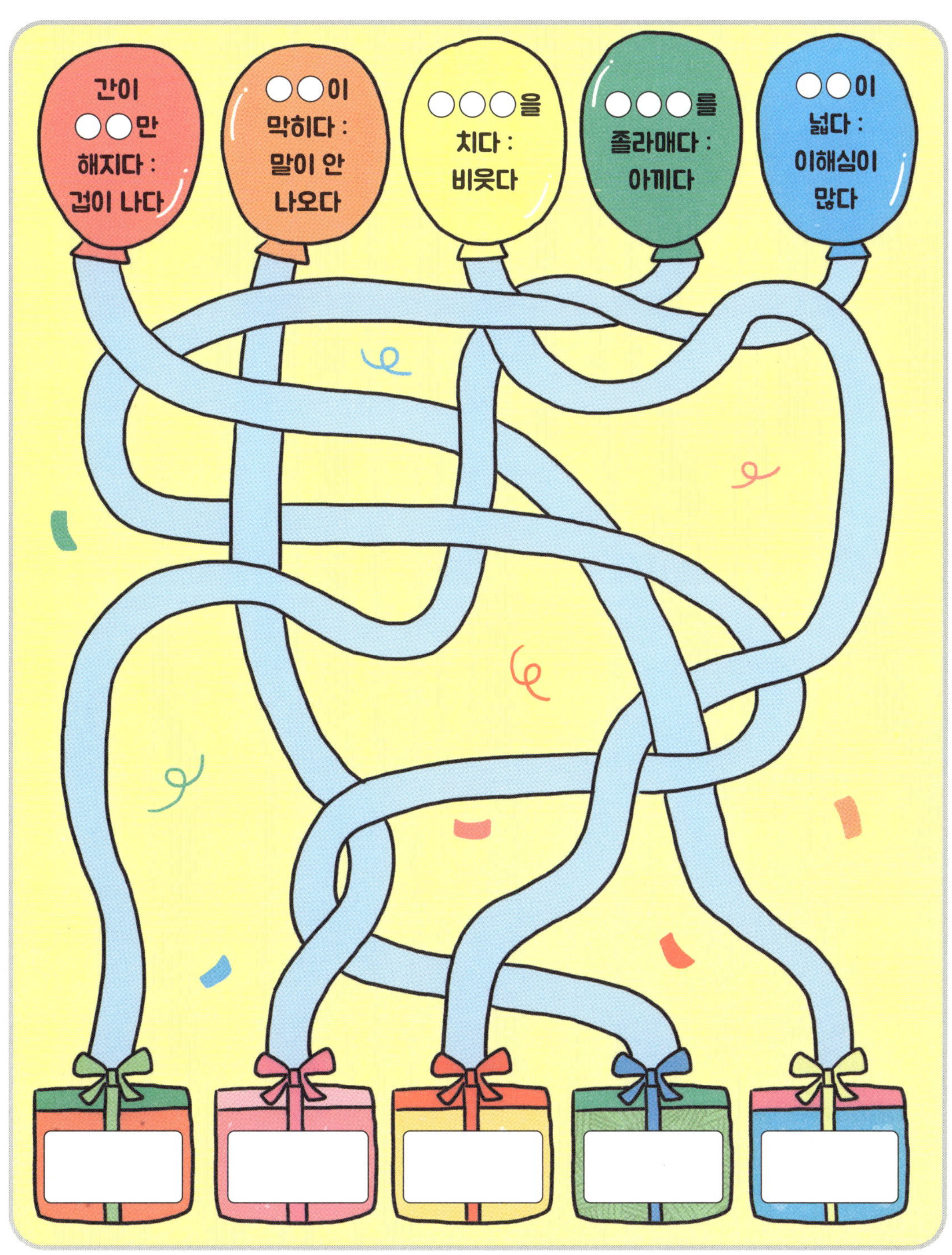

보기 **코웃음, 말문, 콩알, 허리띠, 가슴**

울며 겨자 먹기

하기 싫은 일을 억지로 해야 하는 상황을 뜻해요. 울면서 겨자를 먹어야 하는 상황이니 얼마나 괴로울까요? 동생이랑 싸웠는데 부모님이 먼저 사과하라고 해서 어쩔 수 없이 해야 하는 상황을 떠올려 보세요. 싫어도 억지로 해야 할 일들이 항상 있기 마련이랍니다. 이렇게 하기 싫지만 억지로 해야 하는 상황 앞에서 쓰이는 표현이지요.

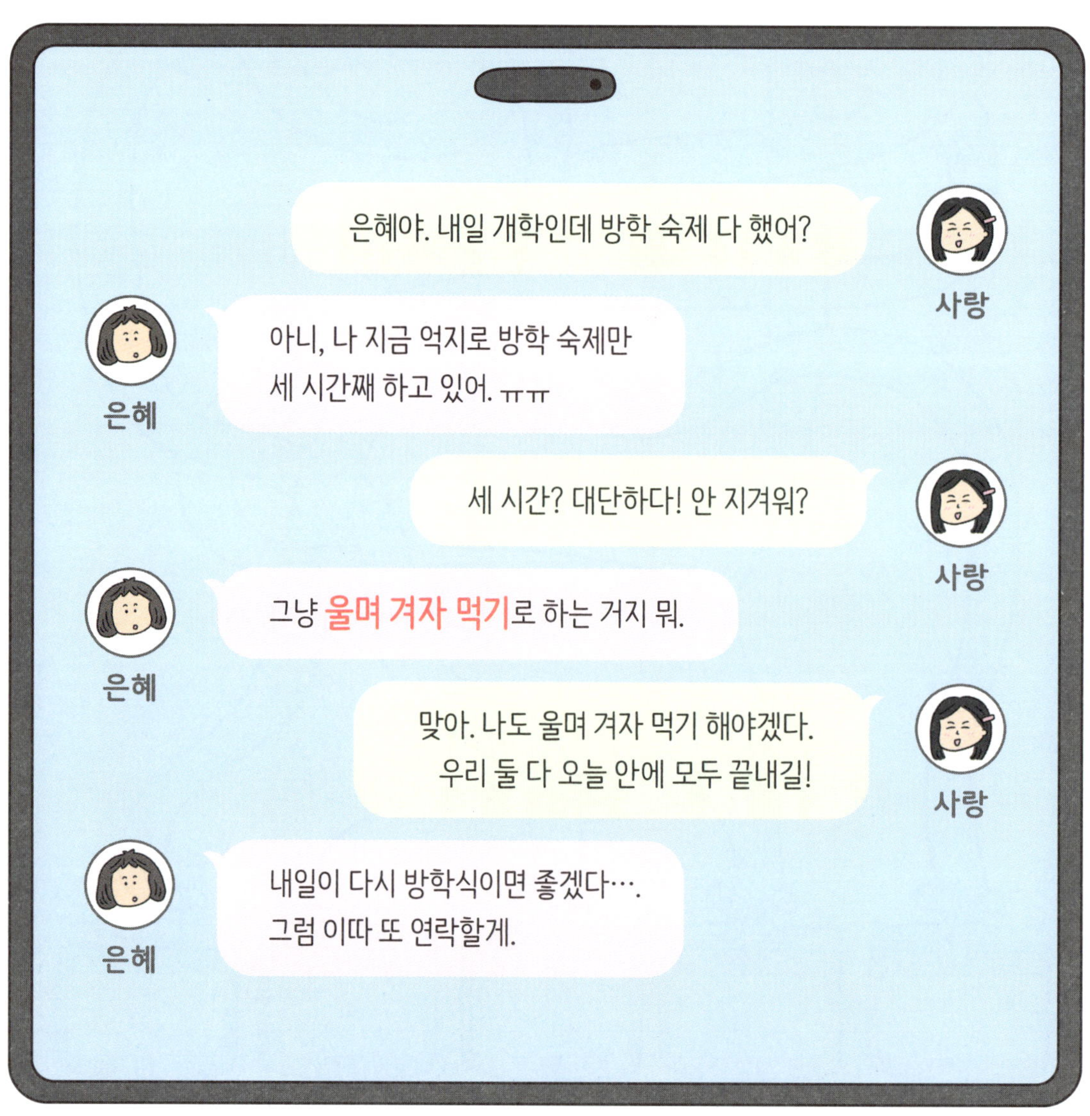

📝 속담 퀴즈

⭐**1** 빈칸에 들어갈 글자 카드를 골라 보세요.   (   )

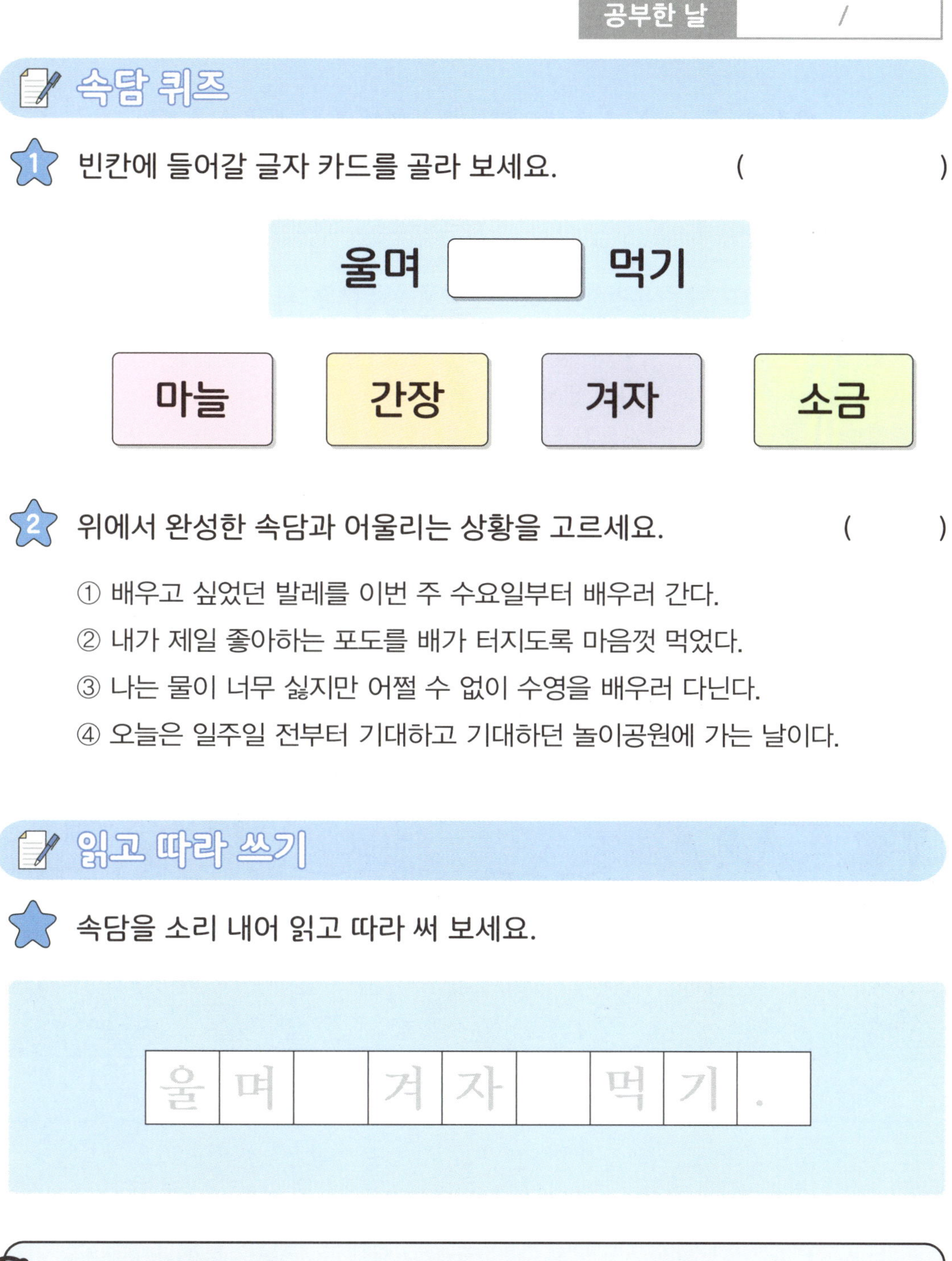

⭐**2** 위에서 완성한 속담과 어울리는 상황을 고르세요.   (   )

① 배우고 싶었던 발레를 이번 주 수요일부터 배우러 간다.

② 내가 제일 좋아하는 포도를 배가 터지도록 마음껏 먹었다.

③ 나는 물이 너무 싫지만 어쩔 수 없이 수영을 배우러 다닌다.

④ 오늘은 일주일 전부터 기대하고 기대하던 놀이공원에 가는 날이다.

📝 읽고 따라 쓰기

⭐ 속담을 소리 내어 읽고 따라 써 보세요.

| 울 | 며 | | 겨 | 자 | | 먹 | 기 | . |

∨ 비슷한 속담

푸줏간에 들어가는 소 걸음

푸줏간은 지금의 정육점이에요. 벌벌 떨며 무서워하거나 마음에 내키지 않는 일을 억지로 하는 모양을 이르는 말이에요.

원수는 외나무다리에서 만난다

싫어하거나 꺼리는 사람을 우연히 딱 마주친 상황을 뜻해요. 학교에서 싸웠던 친구랑 학원에서 또 우연히 만나게 되거나, 싫어하는 이웃인데 하필 엘리베이터에 같이 타게 되었을 때처럼요. 피하고 싶은 사람을 만났을 때 쓰는 표현이지요. 싫어하는 사람은 피할수록 마주칠 테니, 갈등이 있다면 서둘러 해결해 보는 태도를 길러 보세요!

○○월 ○○일 ○요일　　　날씨

일어난 시간 :　　　　　　잠드는 시간 :

제목 :　외나무다리에서 만난 민호

오늘은 내가 기대하고 기대한 캠핑하는 날이었다. 텐트 치고 맛있는 것도 먹고, 행복한 시간을 즐길 계획이었다.

그런데 하필 캠핑장에 얼마 전에 싸운 우리 반에서 제일 얄미운 민호를 만났다. 민호도 날 보자마자 번개 같은 눈으로 째려보기 시작했다.

원수는 외나무다리에서 만난다는 말이 딱이다! 왜 하필 민호를 만나는 거냐고! 우리는 원수가 틀림없다. 그만 좀 만나자, 제발!

📝 속담 퀴즈

 빈칸에 들어갈 글자 카드를 골라 보세요.　　　　　　(　　　)

원수는 [　　　　]에서 만난다

| 외나무다리 | 돌다리 | 징검다리 | 사다리 |

 위에서 완성한 속담과 어울리는 상황을 고르세요.　　　　(　　　)

① 친구 생일파티에 내가 좋아하는 재우가 왔다.

② 마주치기 싫었던 원준이와 같은 반이 되었다.

③ 친한 친구 둘이 우연히 같은 카페에서 만났다.

④ 처음 본 친구와 버스에서 옆자리에 앉았다.

📝 읽고 따라 쓰기

⭐ 속담을 소리 내어 읽고 따라 써 보세요.

원	수	는		외	나	무	다	리	에	서	
만	난	다	.								

✔ 비슷한 속담

팔자 도망은 못 한다

운명은 아무리 피하고 도망치려고 해도 할 수 없다는 뜻으로, 피할 수 없는 운명에 대해 강조하는 부분이 비슷하지요.

원숭이도 나무에서 떨어진다

아무리 완벽해 보이는 사람도 실수할 수 있다는 뜻이에요. 나무를 정말 잘 타는 원숭이도 어쩌다 실수로 나무에서 떨어지는 것처럼요. 매번 달리기 1등인 친구도 어떤 때는 삐끗해서 꼴등도 할 수 있는 거죠. 그러니 누구나 항상 실수할 수 있다는 걸 잊지 마세요. 만약 실수한 친구가 있다면 이 속담으로 위로해 주면 어때요?

 ## 속담 퀴즈

⭐1 빈칸에 들어갈 글자 카드를 골라 보세요.   (   )

[   ]도 나무에서 떨어진다

| 나무늘보 | 판다 | 지렁이 | 원숭이 |

⭐2 위에서 완성한 속담과 어울리는 상황을 고르세요.   (   )

① 피아노 실력이 뛰어난 문주가 이번 발표회에서도 멋지게 연주했다.
② 영어 실력이 유창한 헌이가 영어 말하기 대회에서도 대상을 탔다.
③ 평소 달리기 실력이 뛰어난 규미가 체육 대회에서 아쉽게 4등을 했다.
④ 수학 실력이 엄청난 근이가 수학 경시대회에서 1등을 했다,

 ## 읽고 따라 쓰기

⭐ 속담을 소리 내어 읽고 따라 써 보세요.

| 원 | 숭 | 이 | 도 | | 나 | 무 | 에 | 서 | |
| 떨 | 어 | 진 | 다 | . | | | | | |

 ## ✔ 비슷한 속담

약빠른 고양이가 밤눈 어둡다

평소에 똑똑하고 완벽해 보이는 사람도 실수하거나 허점이 있을 수 있다는 뜻이에요.

윗물이 맑아야 아랫물이 맑다

윗사람이 말과 행동을 바르게 해야 아랫사람도 그 모습을 보고 따라 한다는 뜻이에요. 형이 과자 봉지를 쓰레기통에 넣는 모습을 본 동생은 '나도 저렇게 해야지!' 하고 자연스럽게 따라 하게 되지요. 이처럼 윗사람이 먼저 바르게 행동하면 아랫사람도 덩달아 바르게 행동하게 되고, 결국 좋은 습관이 자연스럽게 이어진답니다.

 속담 퀴즈

⭐1 빈칸에 공통으로 들어갈 글자 카드를 골라 보세요.   (   )

윗 ☐ 이 맑아야 아랫 ☐ 도 맑다

| 강 | 산 | 물 | 돌 |

⭐2 위에서 완성한 속담과 어울리는 상황을 고르세요.   (   )

① 게임을 하다가 짜증이 나서 동생에게 화를 냈다.

② 선생님이 없는 동안 친구들과 장난을 치며 소리 질렀다.

③ 친구가 지우개를 떨어뜨리자 웃으며 놀렸다.

④ 형이 신발을 가지런히 벗는 걸 보고 따라 하기 시작했다.

 읽고 따라 쓰기

⭐ 속담을 소리 내어 읽고 따라 써 보세요.

| 윗 | 물 | 이 | | 맑 | 아 | 야 |
| 아 | 랫 | 물 | 도 | | 맑 | 다 | . |

∨ 비슷한 속담

부모가 착해야 효자 난다

부모가 착하면 자식도 부모를 따라 착한 사람이 된다는 뜻으로, 윗사람이 잘해야 아랫사람도 잘한다는 뜻이에요.

입은 삐뚤어져도 말은 바로 해라

어떤 상황에서도 진실을 말해야 한다는 뜻이에요. 친구랑 다투고 나서 자기 잘못이 아니라고 거짓말을 하며 반성하지 않는 친구들에게도 해 줄 수 있는 말이죠. 또 자신의 잘못에 대해 변명하기 바쁜 친구에게도요. 언제나 어디에서나 거짓말이나 없는 말을 지어서 하지 말고, 꼭 진실한 마음으로 정직하게 말하기로 해요.

 **속담 퀴즈**

1 빈칸에 들어갈 글자 카드를 골라 보세요.　　　　　(　　　　　)

> 입은 삐뚤어져도 [　　　　]은 바로 해라

| 거짓말 | 일 | 말 | 행동 |

2 위에서 완성한 속담과 어울리는 상황을 고르세요.　　　　　(　　　　　)

① 급식에 좋아하는 메뉴가 나와서 기분이 좋았다.

② 숙제를 안 해서 혼날까 봐 무서웠지만 솔직하게 말했다.

③ 친구와 장난치다가 서로 크게 웃었다.

④ 친구가 한 말을 제대로 듣지 못해 엉뚱하게 대답했다.

 **읽고 따라 쓰기**

★ 속담을 소리 내어 읽고 따라 써 보세요.

| 입 | 은 | | 삐 | 뚤 | 어 | 져 | 도 | |
| 말 | 은 | | 바 | 로 | | 해 | 라 | . |

✔ 비슷한 속담

**말은 바른대로 하고
큰 고기는 내 앞에 놓아라**

거짓말을 하거나 남을 속이려 하지 말고
솔직하게 털어놓으라고 이르는 말이에요.

1 다음 뜻을 읽고 알맞은 낱말에 동그라미 해 보세요.

- 아프거나 다친 동물을 치료해 주는 사람 　조련사　수의사

- 글씨나 그림을 종이에 인쇄하는 기계 　프린터　제본기

- 영화나 게임에서 목소리로 연기하는 사람 　성우　기자

2 '나의 취미'와 관련된 낱말을 생각 그물에 써 보세요.

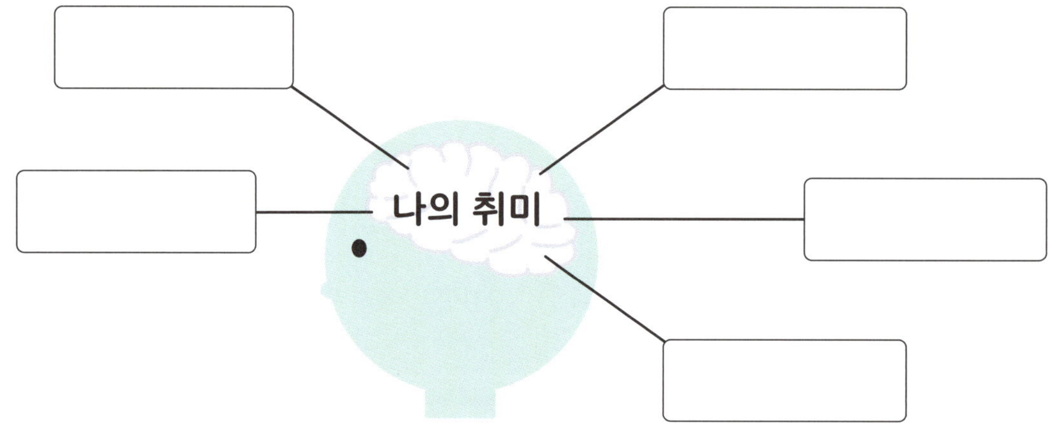

3 썰매를 타고 결승점에 빨리 도착할 수 있도록 맞춤법을 바르게 쓴 곳을 따라가며 미로를 빠져나가 보세요.

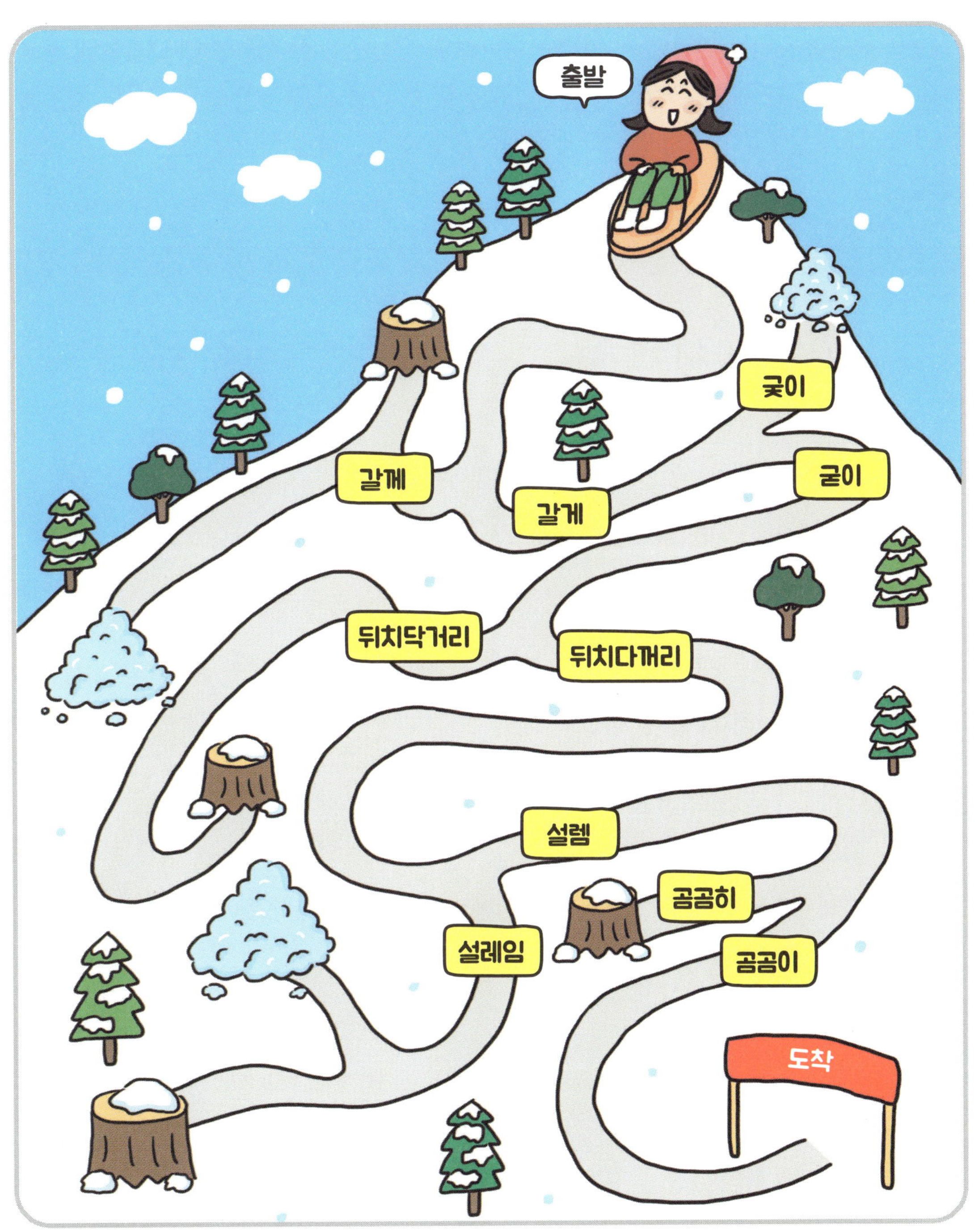

입이 열 개라도 할 말이 없다

잘못이 명백히 드러나 변명할 게 없다는 뜻이에요. 장난으로 친구를 한 대 때렸는데 선생님이 뒤에서 다 보고 계신 거죠. 이렇게 핑계를 댈 수 없을 만큼 누가 봐도 잘못한 경우에 쓰여요. 내가 잘못을 했다면 솔직하게 인정하고 용서를 구하는 책임감 있는 태도가 필요해요.

802호 누나에게

안녕하세요? 저는 윗집 902에 사는 재민이에요.

누나가 저 때문에 너무 시끄러워서 공부를 못 한다는 말을 들었어요.

그리고… 저 때문에 이사 가고 싶다고 하셨다길래 정말 깜짝 놀랐어요.

제가 매일 집에서 뛰어다닌 건 사실이에요. 요즘 제가 키도 더 크고 몸무게도

늘어서 더 시끄러웠을까요?

정말 너무너무 죄송합니다. 입이 열 개라도 할 말이 없어요.

입이 백 개, 아니 천 개라도요!

그래서 결심했어요. 앞으로는 절대! 진짜로! 웬만하면! 뛰지 않을게요!

조용한 재민이를 기대해 주세요.

– 재민 올림

 속담 퀴즈

1 섞여 있는 글자 카드를 올바른 순서대로 맞춰 보세요.

| 할 말이 | 입이 | 열 개라도 | 없다 |

2 위에서 완성한 속담과 어울리는 상황을 고르세요. ( )

① 누나와 사이좋게 지내서 부모님께 칭찬받았다.

② 친구를 도와주어 선생님께 간식을 받았다.

③ 할머니 팔과 다리를 주물러 드리고 용돈을 받았다.

④ 식당에서 동생이랑 뛰어다니다가 사장님께 혼났다.

 읽고 따라 쓰기

속담을 소리 내어 읽고 따라 써 보세요.

| 입 | 이 | | 열 | | 개 | 라 | 도 | |
| 할 | | 말 | 이 | | 없 | 다 | . | |

✔ 비슷한 속담

입이 광주리만 해도 말 못 한다

아주 커다란 바구니 같은 광주리만큼 입이 크더라도 할 말이 없을 만큼 잘못을 했다는 뜻이에요.

작은 고추가 더 맵다

덩치가 작은 사람이 힘이 세거나, 또는 야무지게 자기 할 일을 잘 해낸다는 뜻이에요. 조그마한 어린아이가 의외로 무거운 걸 들 때처럼요. 또는 어리기만 한 줄 알았던 동생이 똑 부러지게 혼자 자기 방 청소를 다 했을 때를 떠올려 볼까요? 이렇게 겉모습보다 속이 알차고 다부진 걸 강조할 때 쓸 수 있어요.

 속담 퀴즈

⭐ 1 빈칸에 들어갈 글자 카드를 골라 보세요.   (   )

[   ] 고추가 더 맵다

| 작은 | 커다란 | 초록 | 빨간 |

⭐ 2 위에서 완성한 속담과 어울리지 <u>않는</u> 상황을 고르세요.   (   )

① 키가 제일 작은 언니가 달리기에서 1등을 했다.
② 덩치가 큰 형이 무거운 상자를 쉽게 들어 올렸다.
③ 작은 강아지가 큰 강아지보다 짖는 소리가 우렁찼다.
④ 작은 피아노가 큰 피아노보다 훨씬 좋은 소리를 냈다.

 읽고 따라 쓰기

⭐ 속담을 소리 내어 읽고 따라 써 보세요.

작	은		고	추	가	
더		맵	다	.		

∨ 비슷한 속담

거미는 작아도 줄만 잘 친다

크기는 비록 작아도 제 할 일은 다 한다는 말로, 겉모습이 아닌 내면과 능력이 중요하다는 교훈을 주지요.

좋은 약은 입에 쓰다

듣기 싫은 말이나 충고가 결국 도움이 된다는 뜻이에요. 몸에 좋은 약이 입에 쓴 것처럼
요. 엄마가 매일 하시는 '이 닦아라.', '일찍 자고 일찍 일어나라.', '게임 그만해라.' 등의
잔소리가 지겨울 수 있지만 전부 우리에게 도움이 되는 말이죠. 싫은 소리도 도움이 된다
면 진지하게 잘 듣고 따르는 게 좋아요.

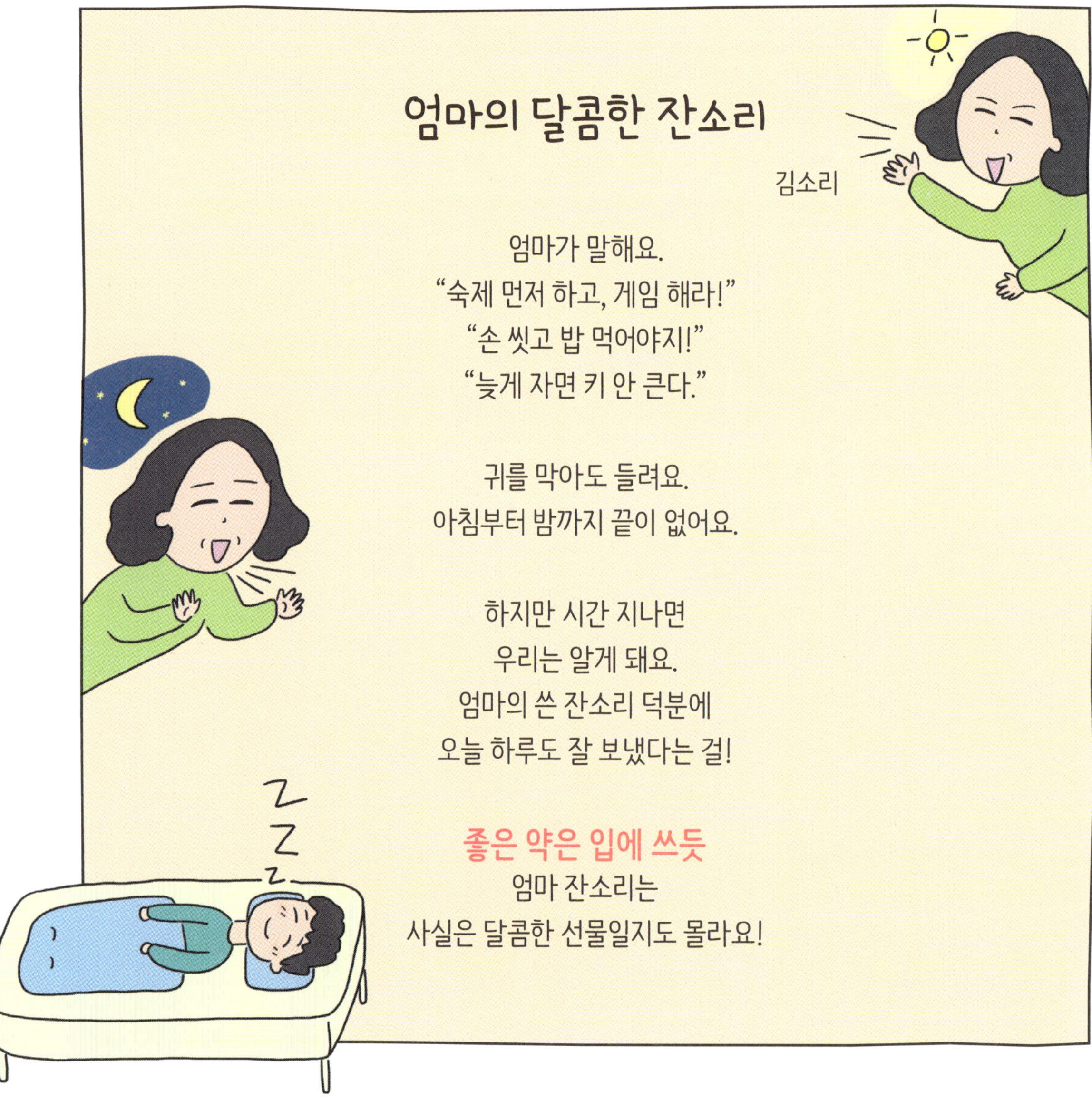

 ## 속담 퀴즈

1 섞여 있는 글자 카드를 올바른 순서대로 맞춰 보세요.

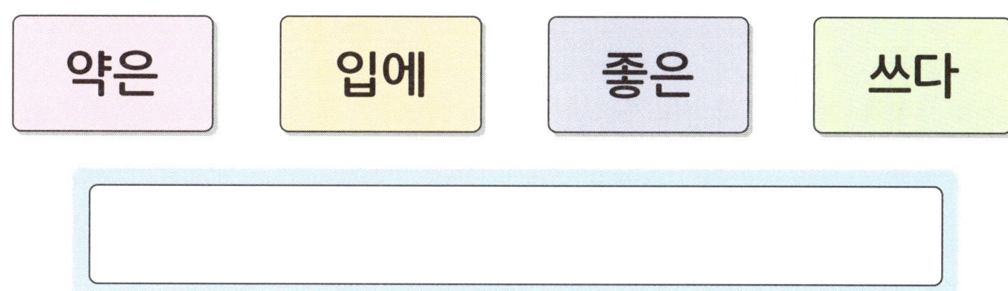

약은   입에   좋은   쓰다

2 위에서 완성한 속담과 어울리는 상황을 고르세요.   (   )

① 오늘은 내 생일이라 사람들이 덕담을 많이 해 주었다.

② 친구가 솔직하게 내 잘못한 점을 알려 줘서 고칠 수 있었다.

③ 친구가 기분 좋으라고 달콤한 말을 해 줬다.

④ 시험은 못 봤지만, 엄마가 잘했다고 위로해 주셨다.

 ## 읽고 따라 쓰기

속담을 소리 내어 읽고 따라 써 보세요.

좋은 약은 입에 쓰다.

 ## ∨ 비슷한 속담

꿀도 약이라면 쓰다

도움이 되는 좋은 말이라도 충고라면 듣기 싫다는 뜻이에요. 지금 당장은 듣기 싫더라도, 바른말을 찾아다니는 게 결국 도움이 될 거예요.

지렁이도 밟으면 꿈틀한다

아무리 순하거나 약한 사람이더라도, 괴롭히면 반항하고 화를 낸다는 뜻이에요. 짓궂은 오빠가 동생을 평소에 자주 놀리고 장난을 치면, 어느 날은 동생도 울컥해서 화를 내는 순간이 있겠죠? 사람이 참는 데에는 누구나 한계가 있거든요. 약해 보이는 친구나 사람을 얕잡아 보거나 무시하면 안 된다는 것을 잊지 말아요.

 속담 퀴즈

⭐ 1 빈칸에 들어갈 글자 카드를 골라 보세요.　　　（　　　）

> [　　　]도 밟으면 꿈틀한다

| 거북이 | 지렁이 | 독수리 | 호랑이 |

⭐ 2 위에서 완성한 속담과 어울리는 상황을 고르세요.　　　（　　　）

① 평소에 잘 참던 윤아가 계속 놀려대니까 오늘은 폭발했다.
② 누나는 걸핏하면 화를 내더니 오늘도 어김없이 화를 냈다.
③ 동훈이는 툭하면 울더니 오늘도 서럽게 울었다.
④ 평소에 이르기를 잘하는 유나는 오늘도 일러바쳤다.

 읽고 따라 쓰기

⭐ 속담을 소리 내어 읽고 따라 써 보세요.

지	렁	이	도		밟	으	면	
꿈	틀	한	다	.				

✔ 비슷한 속담

궁지에 빠진 쥐가 고양이를 문다

약자가 괴롭힘을 당하면 강자에게 오히려 반항한다는 뜻이에요. 더 이상 갈 데 없는 쥐가 오히려 고양이를 무는 것처럼요.

콩 심은 데 콩 나고 팥 심은 데 팥 난다

어떤 일을 하느냐에 따라, 그에 맞는 결과가 정확히 따른다는 뜻이에요. 숙제를 열심히 하면 엄마한테 칭찬을 받고, 하지 않으면 혼이 나겠죠? 또 누군가 예의 바른 행동을 하면 칭찬을 하지만, 버릇없는 행동을 하면 눈살을 찌푸리게 돼요. 무슨 행동을 할 때는 그에 따른 결과가 반드시 온다는 걸 항상 기억해요.

 **속담 퀴즈**

1. 섞여 있는 글자 카드를 올바른 순서대로 맞춰 보세요.

| 팥 심은 데 | 콩 심은 데 | 팥 난다 | 콩 나고 |

2. 위에서 완성한 속담과 어울리지 <u>않는</u> 상황을 고르세요. (　　)

① 친구들한테 욕을 하면 친구들이 나를 싫어한다.
② 친구들을 놀리고 다니면 선생님께 혼이 난다.
③ 양치를 열심히 안 해도 충치가 생기지 않는다.
④ 복도에서 뛰면 넘어지거나 크게 다친다.

 **읽고 따라 쓰기**

★ 속담을 소리 내어 읽고 따라 써 보세요.

| 콩 | 심은 | 데 | 콩 | 나고 |
| 팥 | 심은 | 데 | 팥 | 난다. |

 **∨ 비슷한 속담**

오이 덩굴에 오이 열리고 가지 나무에 가지 열린다

어떤 선택과 행동을 했느냐에 따라 결과가 따라온다는 뜻이에요. 씨를 뿌린 대로 열매를 거두는 것처럼요.

1 다음 낱말과 알맞은 뜻을 찾아 선으로 이어 보세요.

올망졸망	작고 귀여운 것들이 많이 모여 있는 모양
두근두근	가늘고 부드럽게 비가 내리는 모양
보슬보슬	남몰래 조심조심 걷는 모양
살금살금	마음이 설레거나 긴장되는 모양

2 다음 초성을 보고 수수께끼 정답을 맞혀 보세요.

① 깨는 깨인 데 못 먹는 깨는?　　ㅈ ㄱ ㄲ

② 세상에서 가장 아름다운 소는?　　ㅁ ㅅ

③ 산은 산인데 하늘을 날아다니는 산은?　　ㄴ ㅎ ㅅ

④ 감은 감인데 못 먹는 감은?　　ㅇ ㄱ

⑤ 자기 혼자만 갈 수 있는 나라는?　　ㄲ ㄴ ㄹ

3 다음 빈칸에 나머지 그림을 그려 완성해 보고, 동물과 속담을 알맞게 이어
보세요.

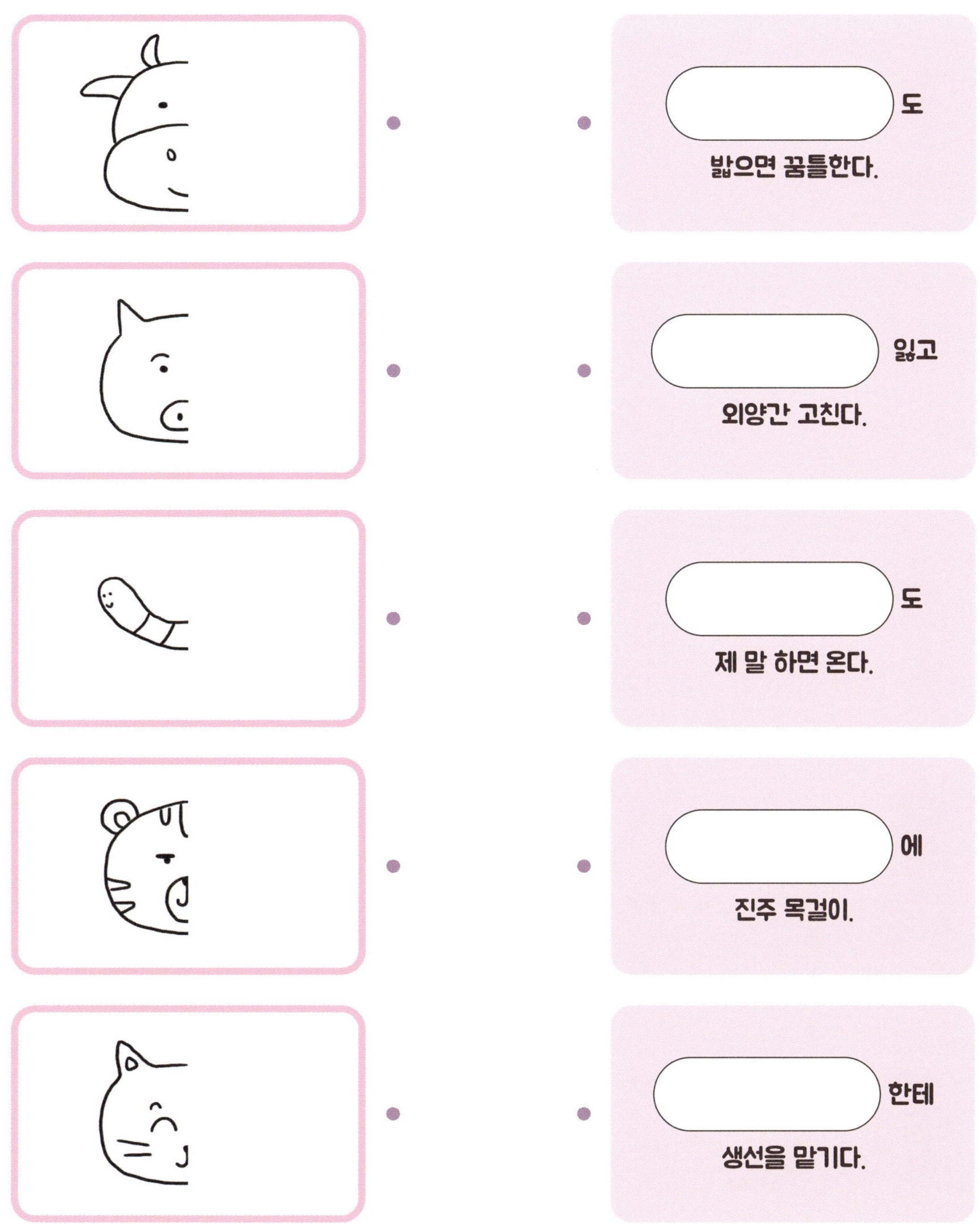

도
밟으면 꿈틀한다.

잃고
외양간 고친다.

도
제 말 하면 온다.

에
진주 목걸이.

한테
생선을 맡기다.

티끌 모아 태산

먼지처럼 작은 티끌도 꾸준히 모으면 큰 산이 될 수 있다는 뜻이에요. 작은 동전도 매일 꾸준히 모으면 언젠가 큰돈이 될 수 있지요. 작은 일도 매일 실천하면 결국에는 내가 원하는 큰일을 해낼 수 있고요. 무언가를 이루고 싶다면, 작은 노력이라도 꾸준히 실천하는 태도를 가져 보세요.

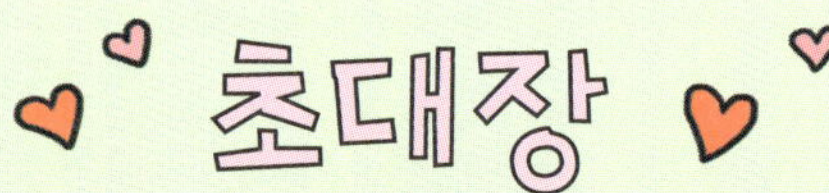

아나바다 나눔 장터에 초대합니다!

1. 아나바다란?

아껴쓰고, 나눠쓰고, 바꿔쓰고, 다시쓰자!

환경도 살리고 장터도 여는 거예요.

2. 언제, 어디에서: 다음 주 금요일, 운동장

3. 장터에서 판매할 안 쓰는 물건은 기부해 주세요.

'티끌 모아 태산'이라고! 작은 물건이라도 좋아요.

4. 나눔 장터 수익금은 아동단체에 전액 기부될 예정입니다.

📝 속담 퀴즈

⭐ 빈칸에 들어갈 글자 카드를 골라 보세요.   (   )

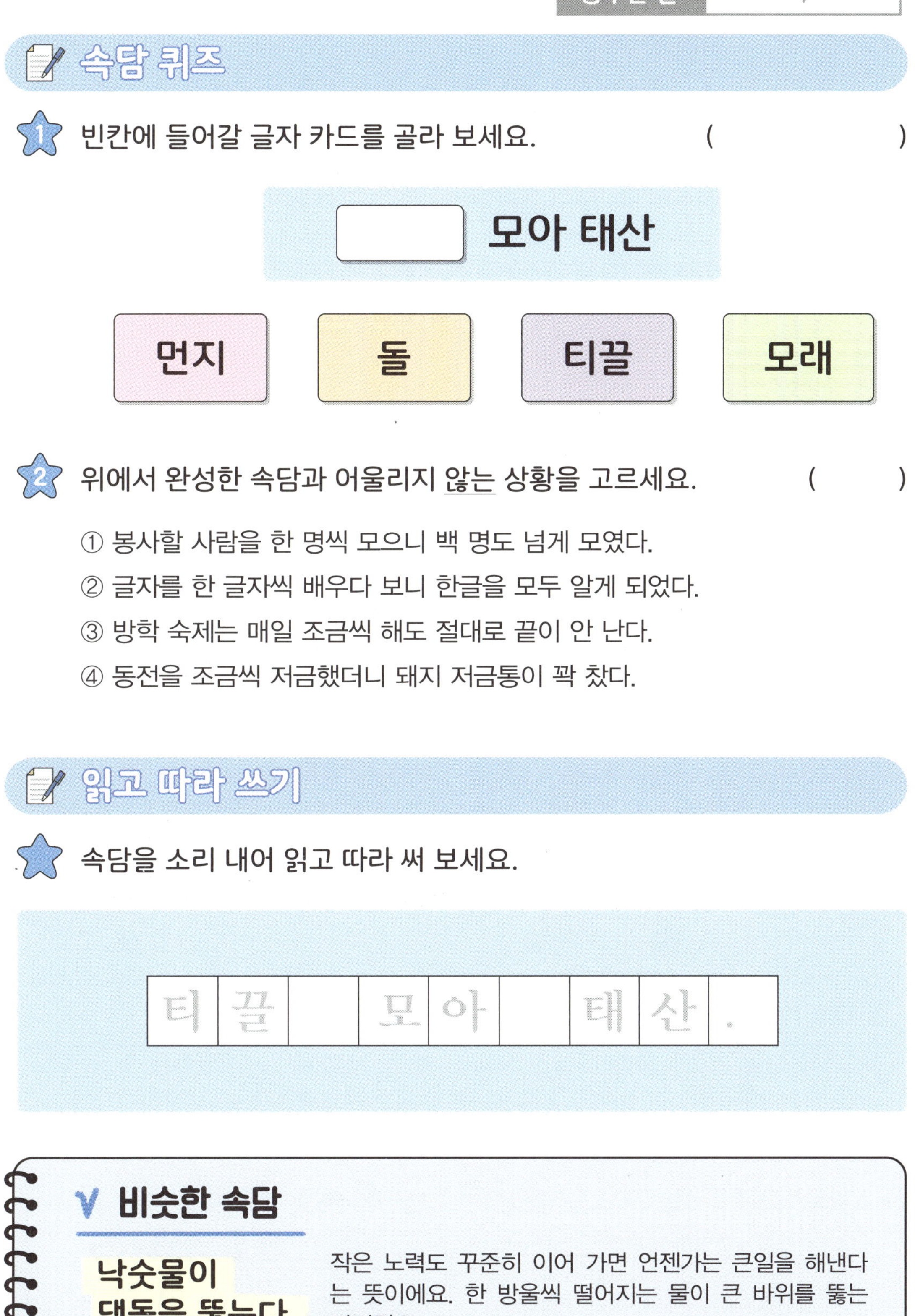

⭐ 위에서 완성한 속담과 어울리지 <u>않는</u> 상황을 고르세요.   (   )

① 봉사할 사람을 한 명씩 모으니 백 명도 넘게 모였다.

② 글자를 한 글자씩 배우다 보니 한글을 모두 알게 되었다.

③ 방학 숙제는 매일 조금씩 해도 절대로 끝이 안 난다.

④ 동전을 조금씩 저금했더니 돼지 저금통이 꽉 찼다.

📝 읽고 따라 쓰기

⭐ 속담을 소리 내어 읽고 따라 써 보세요.

| 티 | 끌 | | 모 | 아 | | 태 | 산 | . |

∨ 비슷한 속담

낙숫물이 댓돌을 뚫는다

작은 노력도 꾸준히 이어 가면 언젠가는 큰일을 해낸다는 뜻이에요. 한 방울씩 떨어지는 물이 큰 바위를 뚫는 것처럼요.

하늘이 무너져도 솟아날 구멍이 있다

아무리 어려운 상황 속에서도 기필코 해결해 나갈 길과 희망이 있다는 뜻이에요. 친구랑 크게 다투어 너무 슬플 때도 사실은 해결할 방법이 있지요. 화해를 하거나 다른 친구를 사귀는 기회로 삼는 거예요. 언제나 반드시 해결책은 생겨날 수 있으니, 어떤 상황에도 너무 속상해하지는 말아요.

오늘 체험학습을 가야 하는데, 도시락을 집에 두고 와 버렸다. 하늘이 무너지는 것만 같았다! 그런데 하늘이 무너져도 솟아날 구멍은 있었다.
바로바로! 나의 천사 짝꿍 도은이가 있었다. 도은이가 나랑 같이 도시락을 먹겠다고 해 줬다. 그리고 이건 비밀인데, 도은이 도시락은 우리 엄마가 싸 준 것보다 백배 천배는 맛있었다. 도은아, 고마워!

 ## 속담 퀴즈

⭐1 빈칸에 들어갈 글자 카드를 골라 보세요.　　　(　　　　)

> **［　　　］이 무너져도 솟아날 구멍이 있다**

| 하늘 | 땅 | 집 | 산 |

⭐2 위에서 완성한 속담과 어울리지 <u>않는</u> 상황을 고르세요.　　　(　　　　)

① 줄넘기를 못 가져가서 줄넘기 연습을 할 수 없었다.

② 장난감을 실수로 망가뜨렸는데, 아빠가 오셔서 뚝딱 고쳐 주셨다.

③ 중요한 발표를 망쳤지만, 친구가 도와줘서 다시 기회를 얻었다.

④ 달리기 경기에서 넘어졌지만, 다시 일어나 1등으로 도착했다.

 ## 읽고 따라 쓰기

⭐ 속담을 소리 내어 읽고 따라 써 보세요.

| 하 | 늘 | 이 | | 무 | 너 | 져 | 도 | | 솟 | 아 | 날 | |
| 구 | 멍 | 이 | | 있 | 다 | . | | | | | | |

 ## ∨ 비슷한 속담

사람이 죽으란 법은 없다　아무리 어려운 일이 생겨도 희망을 가지고 포기하지 않는다면 살아 나갈 방법이 생긴다는 뜻이에요.

호박이 넝쿨째로 굴러떨어졌다

기대하지 못한 행운이 한꺼번에 찾아온다는 뜻이에요. 옛날에는 호박을 귀하게 여겼기 때문에, 여기서 호박은 큰 행운을 가리켜요. 아침에 엄마한테 용돈을 받았는데, 저녁에 아빠가 또 용돈을 준다면 어떨까요? 이렇게 즐거운 일이 연달아 생길 때 축하하며 쓰는 표현이에요.

📝 속담 퀴즈

⭐1 빈칸에 들어갈 글자 카드를 골라 보세요.   (   )

[　　　]**이 넝쿨째로 굴러떨어졌다**

| 수박 | 호박 | 오이 | 가지 |

⭐2 위에서 완성한 속담과 어울리는 상황을 고르세요.   (   )

① 감기에 걸려 놀지 못하니 오늘은 하루 종일 우울했다.

② 오늘 인형 뽑기에서 세 번이나 연달아 뽑기에 성공했다.

③ 급식 메뉴에 어제, 오늘 계속 먹기 싫은 반찬만 잔뜩 나왔다.

④ 지난번 축구 시합도 졌는데, 오늘은 야구 시합에도 졌다.

📝 읽고 따라 쓰기

⭐ 속담을 소리 내어 읽고 따라 써 보세요.

| 호 | 박 | 이 | | 넝 | 쿨 | 째 | 로 | |
| 굴 | 러 | 떨 | 어 | 졌 | 다 | . | | |

✔ 비슷한 속담

아닌 밤중에 찰시루떡

한밤에 맛있는 떡이 떨어지다니, 예상하지 못한 행운이죠? 뜻밖에 만난 좋은 물건을 얻거나 행운을 만났다는 뜻이에요.

호랑이도 제 말 하면 온다

어떤 사람에 대해 말하고 있는데, 바로 그때 그 사람이 나타나는 상황을 뜻해요. 쉬는 시간에 선생님 이야기만 꺼내면 선생님이 등장하는 것처럼요. 자리에 없는 친구에 대해 안 좋은 얘기를 꺼냈는데, 마침 그 친구가 지나간다고요? 호랑이도 제 말 하면 찾아오는 법이니, 그 자리에 없다고 남을 흉보는 일은 없어야 해요.

 속담 퀴즈

1 빈칸에 들어갈 글자 카드를 골라 보세요.　　　　　　　(　　　　　)

☐ 도 제 말 하면 온다

| 고양이 | 호랑이 | 토끼 | 사슴 |

2 위에서 완성한 속담과 어울리는 상황을 고르세요.　　　　　(　　　　　)

① "민호가 올까?" 하고 말했는데, 그때 나타난 건 강아지였다.
② 연아를 계속 생각했지만, 연아는 연락이 없었다.
③ 선생님이 지수를 찾았지만, 지수는 학교에 오지 않았다.
④ 엄마랑 이모 얘기를 하고 있는데, 이모가 마침 놀러 왔다.

 읽고 따라 쓰기

★ 속담을 소리 내어 읽고 따라 써 보세요.

| 호 | 랑 | 이 | 도 | | 제 | | 말 | |
| 하 | 면 | | 온 | 다 | . | | | |

∨ 비슷한 속담

까마귀 제 소리 하면 온다　　다른 사람에 대해 말하고 있는데, 바로 그 사람이 나타날 때 쓰는 말이에요.

호랑이에게 물려 가도
정신만 차리면 산다

아주 무섭고 힘든 상황이더라도, 침착하게 생각하고 행동하면 괜찮다는 뜻이에요. 호랑이에게 물려 가는 위급한 상황이어도 정신만 잘 차리면 살아날 방법이 있다는 거죠. 엘리베이터에 갇혀도 비상벨을 누르고 차분히 기다리면 문이 열리는 것처럼요. 어떤 상황에서도 당황하지 않으려고 노력하면 문제를 해결할 방법이 생길지도 몰라요.

○○월 ○○일 ○요일	날씨 ☀ ☁ ☂ ☔
일어난 시간 :	잠드는 시간 :

제목 : 놀이공원에서도 정신 차려!

오늘은 꼭두새벽부터 들뜬 마음으로 놀이공원에 갔다. 북적이는 사람들 속에서 뛰어다니다 보니, 어느새 엄마가 보이지 않는다는 걸 깨달았다!

그때 **호랑이에게 물려 가도 정신만 차리면 된다**는 엄마 잔소리, 아니 말이 떠올랐다. 혹시라도 까먹을까 봐 엄마 전화번호를 계속 외우며 안내데스크로 달려갔다. 직원분의 도움으로 전화를 걸었고, 잠시 후 잔소리 폭격을 퍼붓는 엄마를 만났다. 엄마 잔소리가 이렇게 반가운 건 처음이었다.

 ## 속담 퀴즈

⭐1 섞여 있는 글자 카드를 올바른 순서대로 맞춰 보세요.

| 정신만 | 물려 가도 | 차리면 산다 | 호랑이에게 |

⭐2 위에서 완성한 속담과 어울리는 상황을 고르세요. (　　)

① 무대 위에 올라가니 정신이 없어서 대사를 다 까먹었다.

② 발표를 하려는데 너무 떨려서 하려던 말을 다 잊었다.

③ 불이 난 것을 보고. 정신을 차려 침착하게 119에 신고했다.

④ 친구들 앞에서 노래를 하려니까 너무 떨려서 목소리가 안 나왔다.

 ## 읽고 따라 쓰기

⭐ 속담을 소리 내어 읽고 따라 써 보세요.

| 호 | 랑 | 이 | 에 | 게 | | 물 | 려 | | 가 | 도 |
| 정 | 신 | 만 | | 차 | 리 | 면 | | 산 | 다 | . |

∨ 비슷한 속담

물에 빠져도 정신을 차려야 산다

죽기 일보 직전의 위급하고 무서운 순간이더라도 정신만 똑똑히 차리면 위기를 벗어날 수 있다는 뜻이에요.

1 주어진 낱말을 가지고 끝말잇기를 해 보세요.

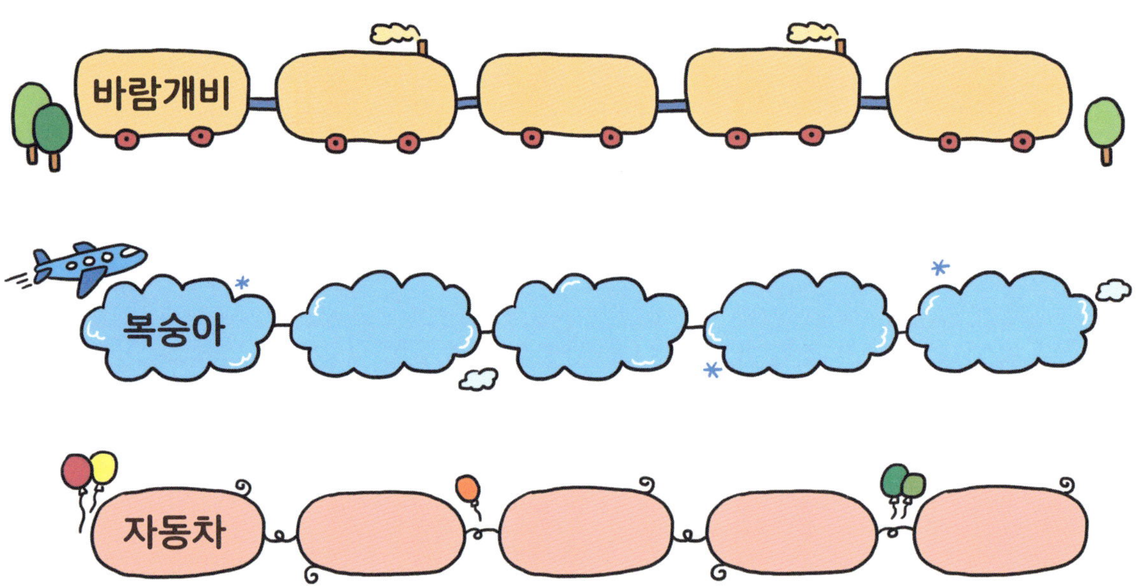

2 다음 중 '여름'과 관련 있는 낱말을 모두 골라 색칠해 보세요.

눈사람	매미	장마	고드름
코스모스	크리스마스	수박	단풍
모기	국화	눈송이	입학식
설날	추석	진달래	선풍기

3 놀이공원에 도착했어요. 제일 먼저 바이킹을 타려고 해요. 맞춤법을 바르게 쓴 곳을 따라가며 바이킹에 도착해 보세요.

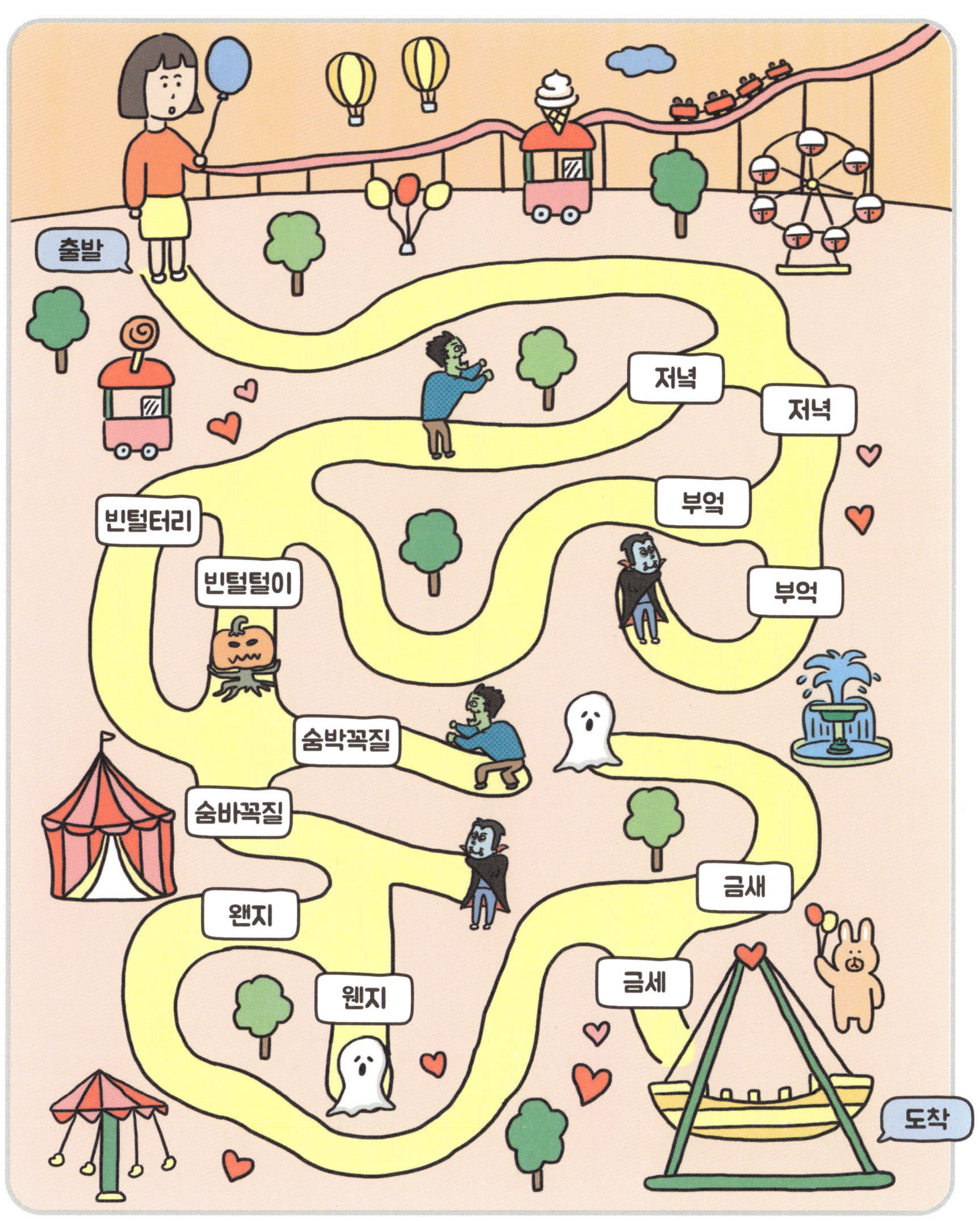

한글 놀이터 1

① 다음 빈칸에 어울리는 그림을 찾아 선으로 연결하세요.

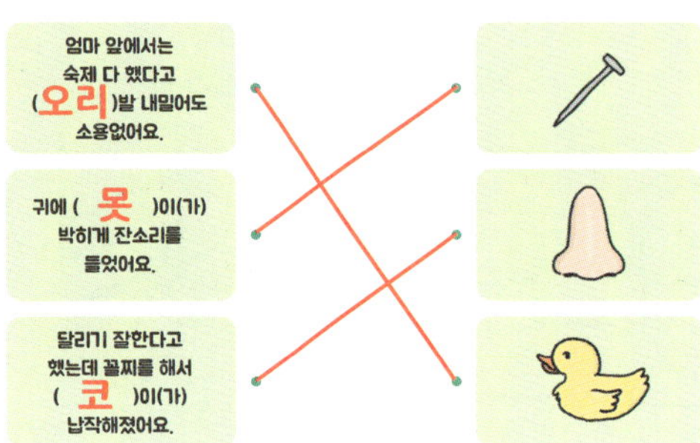

② 다음 초성을 보고 무엇인지 맞혀 보세요.

③ 사다리를 타고 내려가 순우리말을 찾아 써 보세요.

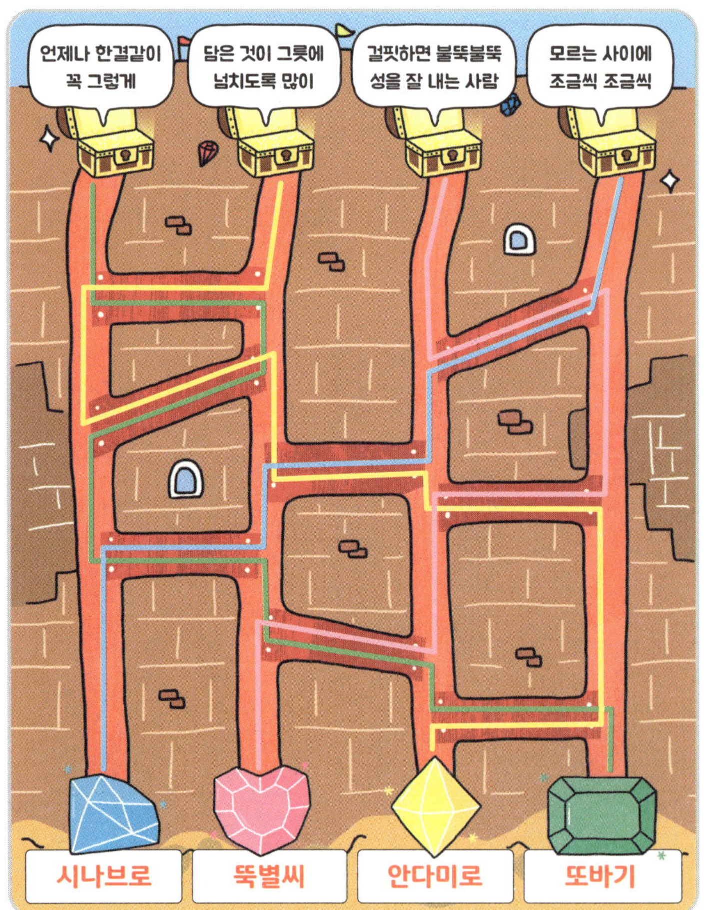

① 다음에 어울리는 꾸며 주는 말을 알맞게 써 보세요.

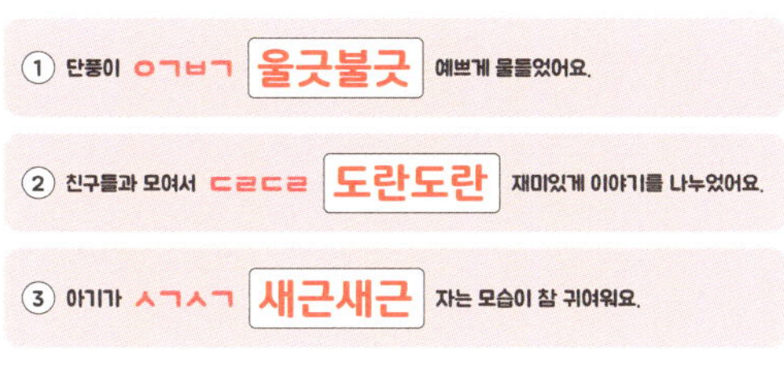

② 다섯 고개 설명을 보고, '나'는 누구인지 정답을 맞혀 보세요.

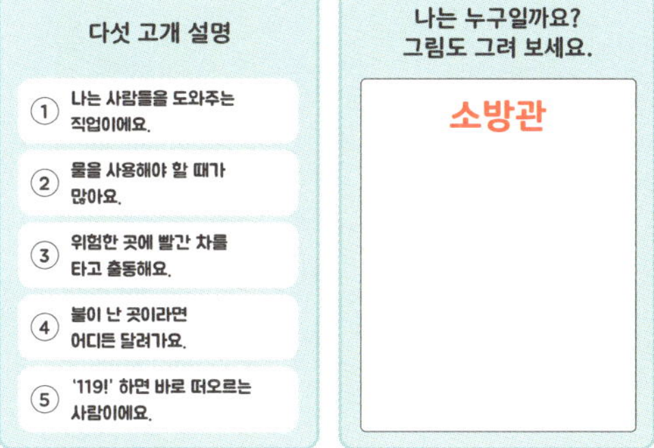

③ 선을 따라가서 알맞은 장소를 <보기>에서 찾아 써 보세요.

한글 놀이터 3

1 다음 문장의 괄호 안에 들어갈 말을 이어 보세요.

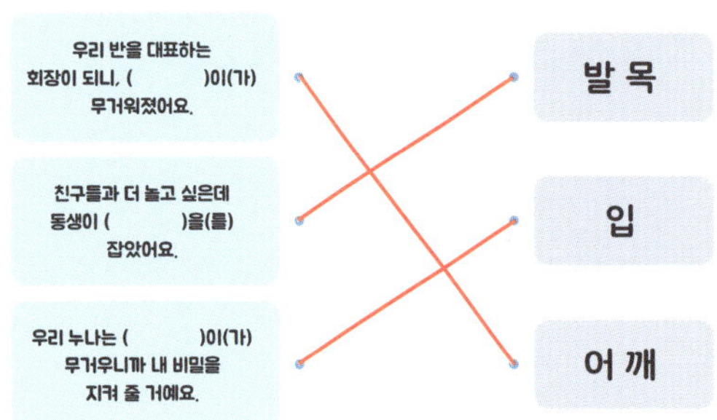

2 다음 뜻을 읽고 알맞은 낱말에 색칠해 보세요.

3 숲에서 길을 잃은 어린이가 집을 찾고 있어요. 길마다 나오는 문제의 맞춤법이 맞으면 O, 틀리면 X를 선택해 집을 찾을 수 있도록 도와주세요.

① 다음에 어울리는 말에 동그라미 해 보세요.

① 복도에서 넘어진 친구를 보고 (**간이 철렁** / 머리가 철렁) 했어요.

② 계단에서 (**한눈팔면** / 한 코 팔면) 사고가 날 수 있어요.

③ 숙제를 안 해서 (**바늘방석** / 바늘 의자)에 앉은 느낌이에요.

② 숫자를 주고받는 말놀이를 해 보세요.

*** 자유롭게 써 보세요.**

③ 화살표를 따라 도착까지 가 보세요. 어떤 문장이 나오는지 써 보세요.

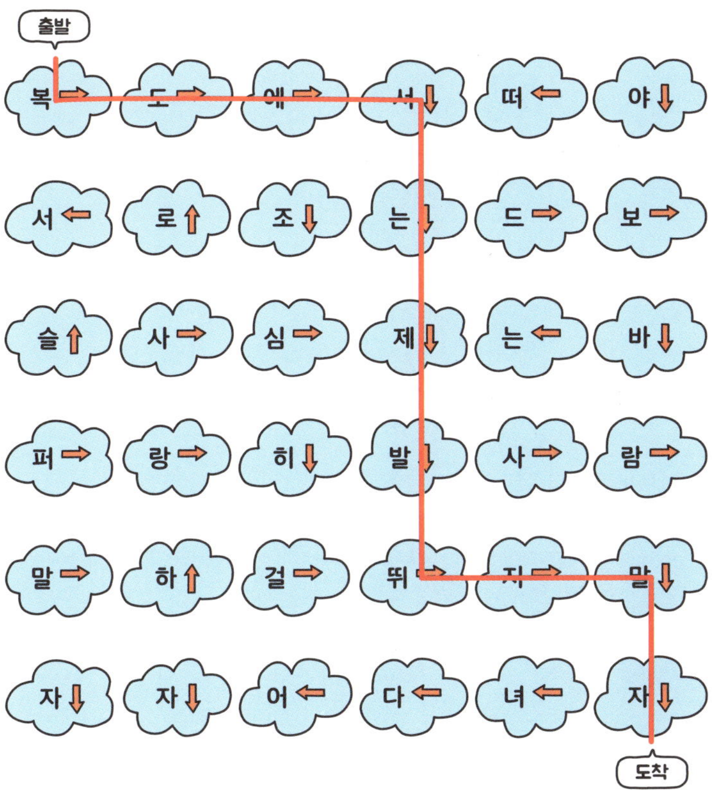

복도에서는 제발 뛰지 말자.

한글 놀이터 5

1 '방학'과 관련된 낱말을 생각 그물에 써 보세요.

*** 자유롭게 써 보세요.**

2 가로세로 낱말 퍼즐을 알맞게 풀어 보세요.

❶원	숭	이		
수			❷개	똥
			구	
	❸우		리	
❹윗	물			

3 사다리를 타고 내려가 나라와 어울리는 음식을 찾아보세요.

① 띄어쓰기에 맞게 문장을 또박또박 써 보세요.

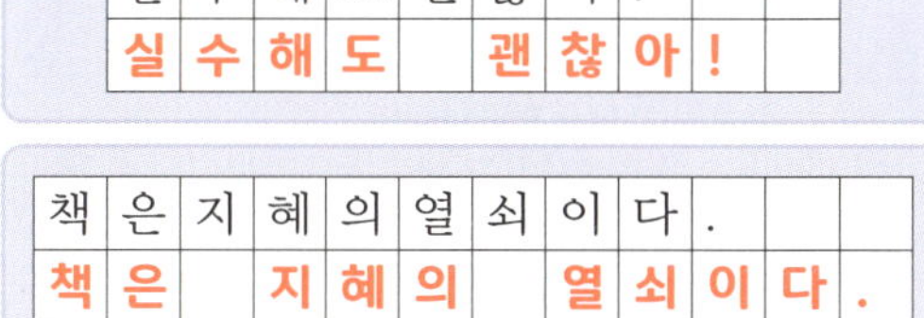

② 주어진 낱말을 가지고 끝말잇기를 해 보세요.

*** 자유롭게 써 보세요.**

③ '학교'와 관련된 숨은 낱말을 가로, 세로, 대각선으로 찾아보세요.

한글 놀이터 7

① 반대말을 찾아 선으로 이어 보세요.

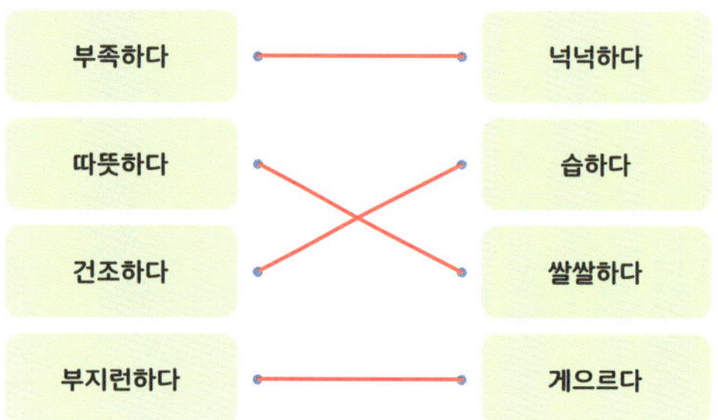

② 빈칸에 공통으로 들어갈 단어를 보기에서 찾아 써 보세요.

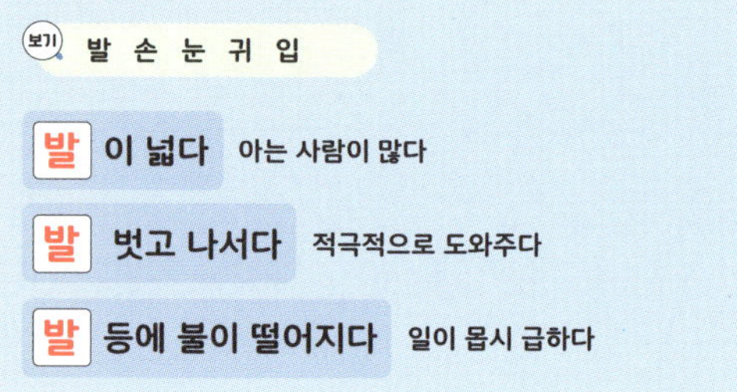

③ 선을 따라가서 알맞은 낱말을 <보기>에서 찾아 써 보세요.

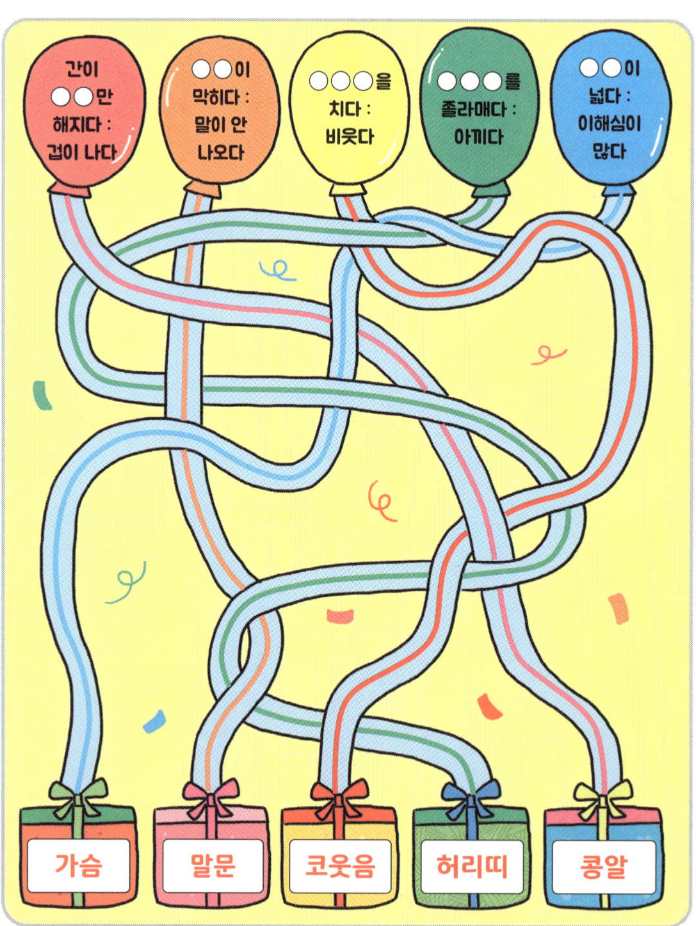

1 다음 뜻을 읽고 알맞은 낱말에 동그라미 해 보세요.

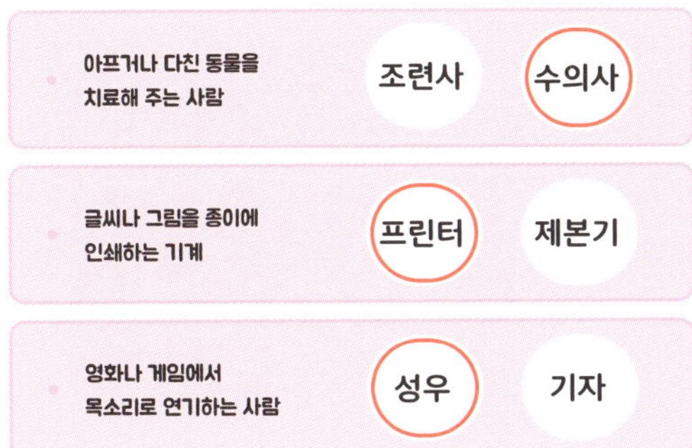

2 '나의 취미'와 관련된 낱말을 생각 그물에 써 보세요.

*** 자유롭게 써 보세요.**

3 썰매를 타고 결승점에 빨리 도착할 수 있도록 맞춤법을 바르게 쓴 곳을 따라가며 미로를 빠져나가 보세요.

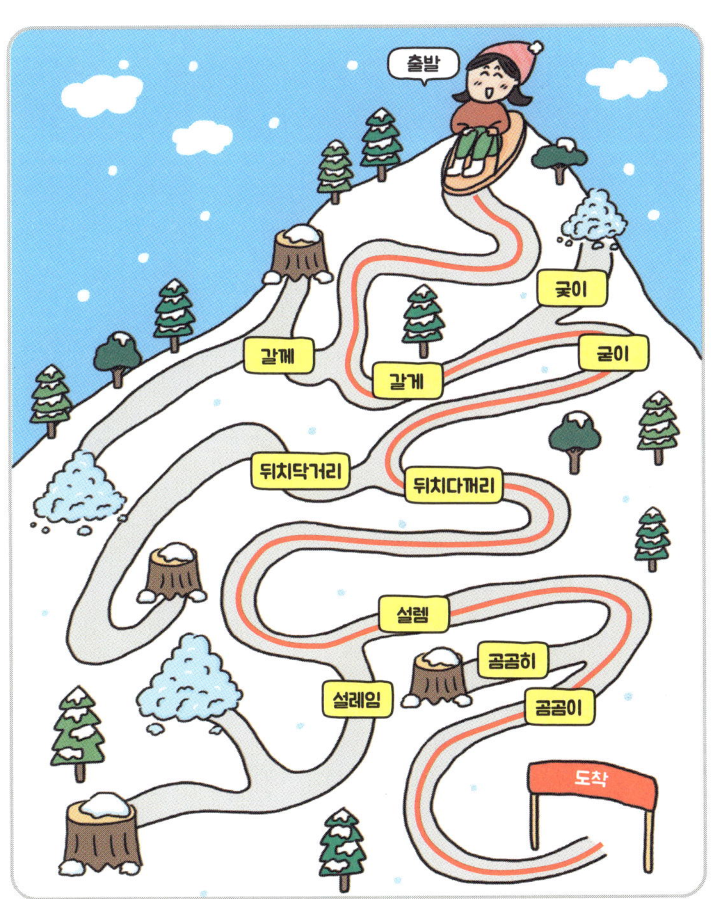

한글 놀이터 9

① 다음 낱말과 알맞은 뜻을 찾아 선으로 이어 보세요.

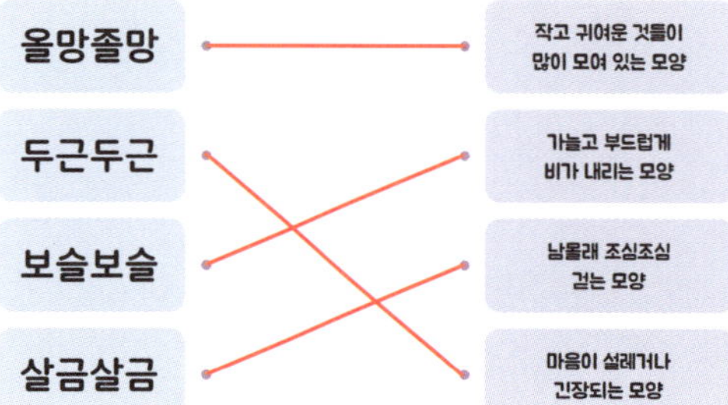

② 다음 초성을 보고 수수께끼 정답을 맞혀 보세요.

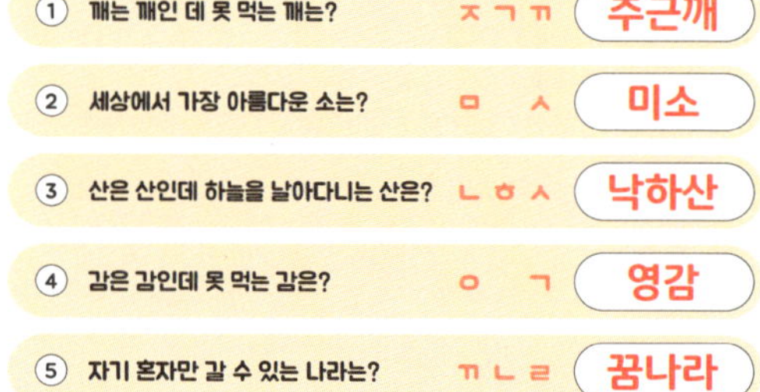

③ 다음 빈칸에 나머지 그림을 그려 완성해 보고, 동물과 속담을 알맞게 이어 보세요.

① 주어진 낱말을 가지고 끝말잇기를 해 보세요.

*** 자유롭게 써 보세요.**

② 다음 중 '여름'과 관련 있는 낱말을 모두 골라 색칠해 보세요.

눈사람	**매미**	**장마**	고드름
코스모스	크리스마스	**수박**	단풍
모기	국화	눈송이	입학식
설날	추석	진달래	**선풍기**

③ 놀이공원에 도착했어요. 제일 먼저 바이킹을 타려고 해요. 맞춤법을 바르게 쓴 곳을 따라가며 바이킹에 도착해 보세요.

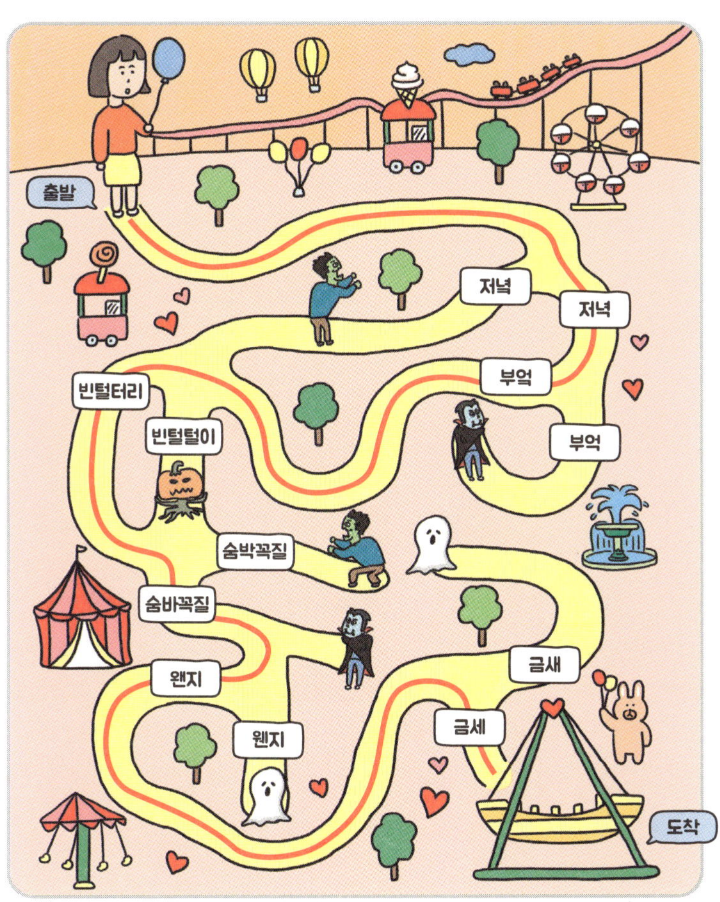

교과서랑 친해지는 하루 한 장 속담

1판 1쇄 인쇄 2026년 1월 2일
1판 1쇄 발행 2026년 1월 20일

글 김태리 · 박소민
그림 고고핑크
발행인 손기주

편집 권유선
디자인 정진　**세무** 세무법인 세강

펴낸곳 썬더버드
등록 2014년 9월 26일 제 2014-000010호
주소 경기도 군포시 공단로140번길 38 센트럴비즈파크 901호
전화 031 427 3250　**팩스** 02 6442 2807

이 책은 저작권법에 따라 보호를 받는 저작물이므로 무단 전재와 복제를 금지하며,
이 책의 내용 전부 또는 일부를 이용하려면 반드시 저작권자와 썬더키즈의 서면 동의를 받아야 합니다.

ISBN 979-11-93947-51-7 63700

값은 뒤표지에 있습니다. 잘못된 책은 구입하신 곳에서 바꾸어 드립니다.
썬더키즈는 썬더버드의 아동서 출판브랜드입니다.

썬더키즈는 책에 대한 멋진 아이디어와 좋은 원고를 기다리고 있습니다.
투고 및 기획 문의 sonkaya40@naver.com

어린이제품 안전특별법에 의한 제품 표시사항
제조자명 : 썬더버드 ｜ 제조국명 : 대한민국
제조년월 : 2026년 1월 ｜ 사용연령 : 7세 이상